# Los Padres que tus Hijos necesitan



REGGIE JOINER

LUCAS LEYS

**LOS PADRES QUE TUS HIJOS NECESITAN**
e625 - 2017
Dallas, Texas


---

Todas las citas bíblicas son de la Nueva Biblia Viva (NBV) a menos que se indique lo contrario.

Editado por: **María Gallardo**
Los aportes de Reggie Joiner fueron traducidos y adaptados por **Carina Valerga** de *Parenting Beyond Your Capacity* con Carey Nieuwhof.
Diseño Interior: **JuanShimabukuroDesign**



ISBN: 978-0-9983051-9-6

IMPRESO EN ESTADOS UNIDOS

# Dedicatoria

### *De Reggie Joiner:*

A mi esposa Debbie, la única persona en mi familia, o en el planeta, que ha escogido vivir conmigo por el resto de mi vida. Y a mis hijos: Reggie Paul, Hannah, Sarah, y Rebekah, quienes han trabajado duro y con paciencia para criar a este padre.

### *De Lucas Leys:*

Más allá de la salvación, no se me ocurre un mayor regalo de Dios a mi vida que mi esposa y mis hijos. Valeria, Sophia, y Max me enseñan no solo a ser un mejor esposo y papá. También me han ayudado muchísimo a intentar ser un mejor hijo de nuestro Papá celestial.

# CONTENIDO

# Prólogo de Danilo Montero

Si tienes este libro en tus manos seguramente eres un padre o una madre como somos mi esposa y yo. Sentimos que es urgente ser los mejores padres que podamos ser y de eso se trata este libro. Antes, cuando éramos jóvenes solteros buscábamos revistas y libros que cubrieran un sin fin de pasatiempos y temáticas porque seamos sinceros… ¡teníamos más tiempo que ahora! Ahora nuestra ocupación principal es criar hijos y nuestro tiempo personal… *¿qué se hizo el tiempo?*

Solo tengo un puñado de años en el negocio de la crianza de hijos y casi desde el primer día supe que nada que hubiera leído o escuchado me preparó para esto y al leer estas páginas pensé en lo valioso que hubiera sido leer algunas de estas ideas antes y por eso me alegra que tengas este libro en tus manos. Es más, muchas veces me sentí desesperado en la tarea de ser papá porque como ya confesé quiero ser el mejor papá que pueda ser y algunas de estas ideas me trajeron animo e ímpetu para continuar. Soy de los que revuelcan mi biblioteca al final del día para encontrar a alguien que me diga que lo estoy haciendo bien o que efectivamente acabo de cometer un error-horror como padre y entonces aprecio cuando encuentro guía convincente y también ese estímulo que todos necesitamos.

Por eso te animo a abrir los ojos y sobre todo tu corazón al mensaje que Reggie y Lucas comparten en estas páginas. Encontrarás que hablan con franqueza acerca de su viaje como padres, y lo hacen con sabiduría. Es que escuchar de otros, sus aciertos y errores tiene el efecto de retarnos y consolar a la misma vez. Los autores nos llaman a aceptar nuestras limitantes, pero a entender que hay ayuda al hacer equipo con otros amigos y de hecho, esa es una de las premisas más poderosas de este libro. Ya verás.

Como pastor, anhelo ayudar a otros creyentes a descubrir y abrazar el plan de Dios para sus vidas y familias. Por eso me inspira encontrar en estas páginas, poderosas claves y consejos extraídos de las Sagradas Escrituras y de la experiencia sabia de sus autores. Claves como la confianza en Dios, el enfoque y la intencionalidad en los ritmos familiares y sobre todo, una visión clara del propósito divino para la familia: ser un instrumento divino para reflejar el amor de Dios a una sociedad necesitada. Estas cosas pueden hacer la diferencia y llevarnos a ser «los padres que nuestros hijos necesitan.» Gracias Reggie y Lucas por este precioso material.

**Danilo Montero**
Pastor y papá.

# INTRODUCCIÓN

Reggie lleva años trabajando para que las familias y las iglesias aprendan a funcionar mejor como un equipo. Su pasión por la formación espiritual de las nuevas generaciones y sus experiencias como papá y pastor lo llevaron a convertirse en un trampolín que ha ayudado a miles a saltar mucho más alto en sus ganas de ser la mejor clase de padres y la mejor clase de líderes para las nuevas generaciones. Para mí es un privilegio que me haya invitado a trabajar en este proyecto. Él diseñó distintos materiales para padres en inglés, y yo he intentado ayudar a la iglesia a través de materiales de discipulado en el lenguaje del cielo, así que fue provisión de Dios que Él nos juntara para publicar esta herramienta para los papás de Hispanoamérica, la cual también va a beneficiar de manera práctica a los líderes que quieren tener iglesias fuertes con familias sanas.

Cuando hablamos en Atlanta sobre hacer este libro juntos, no fue porque creyéramos que nosotros somos grandes expertos. Simplemente somos padres que constantemente pensamos en los asuntos importantes de nuestras familias, y además somos líderes a los que no nos gusta que se nos diga lo obvio sin darnos pautas estratégicas o ideas prácticas.

Para ser claros de entrada, ambos admitimos abiertamente que:

- Somos papás imperfectos.
- Somos un poco inseguros.
- Podemos estresarnos más de lo que resulta saludable.

Y deberíamos agregar, que ya hemos perdido bastantes pelos como padres.

También tenemos en común que ambos hemos trabajado en el pastorado y lideramos organizaciones de servicio, así que los dos amamos a la iglesia. De hecho, ambos pasamos la mayoría de nuestro tiempo trabajando en iglesias para ayudar a la gente a crecer en su relación con Dios, y claro que tampoco nos consideramos expertos en cuanto a Dios o a las relaciones, pero los dos estamos comprometidos en una búsqueda continua por descubrir cómo amar más y mejor a Dios y a nuestras familias, y por ayudar a otras personas a hacer lo mismo.

Los dos somos papás, y Reggie ya tiene el colosal título de abuelo, así que hemos tenido mucho tiempo para experimentar con nuestros hijos. Hemos cometido infinidad de errores, claro, pero también nos hemos topado con algunos descubrimientos que nos llevaron a crear recuerdos positivos y poderosos.

Lo que anhelamos con este libro es aprender juntos de lo que hicimos bien, y también de lo que podríamos haber hecho mejor.

## MUCHO NARANJA

Al comenzar a leer las siguientes páginas, queremos anticiparte que en este libro leerás una y otra vez sobre el color NARANJA. Usamos el naranja para simbolizar la asociación que creemos que es bueno que exista entre los padres y la iglesia, ya que cuando combinas la luz de una comunidad de fe (amarillo) con el corazón de una familia amorosa (rojo), amplias exponencialmente tu potencial de hacer la diferencia en la vida de la nueva generación. Estas dos influencias combinadas producen un impacto mayor que cualquiera de las dos influencias por separado. No nos malinterpretes; nadie tiene más potencial para influenciar a tus niños o adolescentes que tú. Pero una de las mejores formas en las que puedes impactar la vida de tu hijo o hija es asociándote intencionalmente con otros que también pueden influir de manera positiva sobre sus vidas.

De hecho, una de las razones por las que estamos escribiendo estas páginas es para hacerte saber que no necesitas criar a tus hijos a solas. Ni tampoco sería bueno que lo hagas. Para decirlo más claramente, si intentas criar a tus hijos a solas corres el riesgo de desanimarte y desilusionarte con respecto a la paternidad más seguido de lo que es necesario, porque no importa cuán hábiles seamos para cumplir con el rol de padres, todos contamos con una capacidad limitada para llevar a cabo esta responsabilidad tan exigente.

**NO NECESITAS CRIAR A TUS HIJOS A SOLAS.**

La sociedad ofrece promesas de una imagen mejor de la que la mayoría de nosotros podemos lograr por nuestros propios medios, y estas altas expectativas solo logran hacernos más conscientes de lo lejos que estamos de la perfección. Por eso mismo es que este no es un libro de autoayuda, sino un libro para pedir ayuda.

Aun tus debilidades como padre pueden trabajar a tu favor.

**ESTE NO ES UN LIBRO DE AUTOAYUDA, SINO UN LIBRO PARA PEDIR AYUDA.**

Vuelve a leer esa frase si hace falta.

Tus debilidades no deben desanimarte, pero sí deben recordarte que busques otras influencias para tu familia.

Llegó la hora de aceptar esta realidad sobre la paternidad: Cada padre tiene un conjunto diferente de limitaciones. A medida que lees estas páginas, esperamos que aprendas a mirar por encima de ellas y te aferres a algunos principios que te ayudarán a influenciar a tus hijos más allá de tu propia capacidad.

A lo largo del libro haremos referencia a una lista de consejos que Moisés compartió con el pueblo hebreo acerca de cómo influenciar a sus hijos. También incluiremos algunas historias personales para ilustrar los pensamientos de Moisés y mostrarte cómo los hemos visto funcionar en nuestras propias vidas.

Los capítulos 3 al 7 explican cinco valores familiares que pueden orientar tu enfoque con respecto a la paternidad. Al final de cada uno de estos capítulos hemos incluido una serie de preguntas útiles para tu aplicación personal o para la discusión en grupos. Creemos que hay un tremendo potencial en leer este libro de manera grupal, y si no fue así que llegó este libro a tus manos te recomendamos que luego de leerlo animes a otros padres a hacerlo.

Por último, es nuestro deseo que al finalizar este libro puedas:

- Descubrir el rol de tu familia dentro de una historia más grande.
- Ampliar los círculos de influencia sobre la vida de tus hijos.
- Enfocarte en lo que realmente importa para el futuro de tus hijos.
- Seguir luchando por tus relaciones más cercanas.
- Establecer un ritmo saludable en tu interacción con las personas importantes en tu vida.
- Aprender a liderarte a ti mismo como padre o madre.

Como resultado, creemos que encontrarás formas de educar a tus hijos más allá de tus habilidades.

**Lucas y Reggie**

CAPÍTULO 1

# Los Padres color Naranja

La influencia de los padres es más efectiva si se asocia con una comunidad más amplia.

Yo (Reggie) tenía dos hijos en edad preescolar cuando me di cuenta de que tal vez podía necesitar alguna ayuda como padre. Tenía 28 años y me acababan de contratar como pastor de familias y jóvenes adultos en una iglesia grande en Florida. El primer domingo después de llegar, salimos a almorzar luego de la iglesia a un restaurante llamado Jungle Jim. Mientras nos acompañaban a nuestra mesa en el centro del lugar, recuerdo vívidamente mi sensación al notar que estábamos rodeados por miembros de nuestra iglesia que también estaban almorzando allí.

Nos sentamos a la mesa y acomodamos a nuestros dos hijos: Reggie Paul de cuatro años y Hannah de dos. Como era el nuevo pastor de la ciudad, yo obviamente estaba preocupado por el buen comportamiento de mis niños. Pero, antes de darme cuenta, la mesera puso un refresco de naranja en frente de mi hija. Hannah estaba fascinada de que alguien le hubiera dado para beber algo sin una tapa de plástico encima. Y se emocionó más todavía cuando descubrió los diseños que podía realizar al derramar gotitas naranjas sobre el mantel blanco.

Si eres padre de niños en edad preescolar, sabes lo fácil que es que las cosas de repente se salgan de control.

Mi esposa estaba sentada al lado de Hannah. Al percibir mi enojo, Debbie intentó redireccionar la pasión por el arte de mi hija. Sin embargo, con cada intento Hannah se obstinaba más en decorar la mesa de color naranja.

Decidí tomar las cosas en mis propias manos. Después de todo, debía poner el ejemplo como padre y como pastor para toda la congregación que ahora estaba observando la conmoción que tenía lugar en nuestra mesa.

Honestamente, no estoy seguro de por qué dije lo que dije. Nunca decía eso, pero fue lo único que se me ocurrió en ese momento. Estaba desesperado por conseguir que mi hijita se portara bien, así que me acerqué a ella tanto como pude, la miré directamente a los ojos y, en voz muy baja para que solo ella me escuchara, le dije: «Si vuelves a tocar el vaso una vez más, ¡te mato!». Ella me miró, miró su vaso, lo golpeó con su mano derecha, y derramó todo el refresco de naranja sobre la mesa. Con tan solo dos años ya había aprendido a desafiarme.

Yo salté y la tomé para salir rápidamente del lugar y tener una conversación de calidad entre padre e hija. Mientras la gente nos miraba caminar hacia la salida, mi pequeña de dos años comenzó a gritar: «¡Papi, por favor, no me mates! ¡No me mates, papi!». Luego, al percatarse de que tenía audiencia, Hannah me dio un beso en la mejilla, puso su cabeza sobre mi hombro y me dijo: «Lo siento papi.»

Escuché al restaurante entero decir a una voz: «¡Aaaah, qué dulce!»

Cada vez que recuerdo el episodio de Hannah con el refresco de naranja, también recuerdo que ser padres es mucho más difícil de lo que la mayoría de nosotros pensamos. Tan pronto nuestros niños nacieron, muchos nos desayunamos que a nuestra caja de herramientas parentales le faltaban unas cuantas cosas imprescindibles para hacer un buen trabajo.

Muchas veces nos encontramos con herramientas que nuestros propios padres nos han pasado, y pretendemos utilizarlas automáticamente con nuestros hijos. Es bastante irónico que usemos frases y técnicas que nuestros padres utilizaron con nosotros, aun cuando esos enfoques no funcionaron mejor con nosotros que con nuestros hijos.

Así es que muy temprano en el proceso de la paternidad, me convencí de que necesitaba aprender mejores habilidades para criar a mis hijos. En esa búsqueda leí cientos de libros, participé de decenas de conferencias, y tuve miles de horas de conversaciones con padres que eran más inteligentes que yo. ¿Qué obtuve de todo eso? Un terrible sentimiento de frustración. Al parecer había docenas de cosas que necesitaba mejorar, y no sabía siquiera por dónde comenzar.

Creo que el asunto es mi habilidad personal. Tal vez solo sea yo, no lo sé, pero nunca parezco tener suficiente tiempo ni espacio. Más bien, mi enfoque en cuanto a la paternidad a menudo ha sido improvisado y reactivo. Y mi compañero de escritura aquí señala que él también ha tenido la misma sensación.

Creemos que muchos de nosotros reaccionamos de acuerdo a lo que sentimos que es correcto en ese momento. Tomamos la primera revista que haya en el estante más cercano, leemos el primer sitio web que aparece en nuestra búsqueda de Google, o repasamos las múltiples notas que alguna vez tomamos de los «expertos», y luego practicamos la «paternidad por experimentación».

**MUCHOS PADRES DESPIERTAN UN DÍA DÁNDOSE CUENTA DE QUE NO INVIRTIERON LO SUFICIENTE EN AQUELLAS RELACIONES QUE JURARON QUE SIEMPRE SERÍAN UNA PRIORIDAD.**

Siempre podemos observar nuestros errores mejor en retrospectiva que en el momento en que los cometemos. Quienes estamos escribiendo estas páginas podemos buscar mentalmente en los archivos de nuestros recuerdos familiares y señalar momentos que desearíamos poder modificar. Nos estremecemos al recordar ocasiones en que las cosas se salieron de control, nuestros valores se nublaron, y tomamos decisiones basadas en la situación inmediata en lugar de ver el panorama general. Y no creemos ser los únicos.

Es triste, pero muchos padres despiertan un día dándose cuenta de que no invirtieron lo suficiente en aquellas relaciones que juraron que siempre serían una prioridad.

## UNA LISTA PRIMORDIAL

Al sentarnos a definir las verdades fundamentales que queremos destacar sobre la paternidad, para poder mantenernos enfocados, ambos estamos de acuerdo en las siguientes ideas iniciales:

- Lo más importante de todo es que nuestros hijos tengan una relación auténtica con Dios.
- Los papás y mamás no somos las únicas influencias adultas que nuestros hijos necesitan.
- Nuestros hijos deben saber que nunca dejaremos de luchar por tener una relación correcta con ellos.
- Nuestra relación con Dios y nuestros matrimonios afectan a nuestros hijos más de lo que imaginamos.
- El hecho de *estar* juntos, nunca puede sustituir el *interactuar* juntos de manera significativa.

No decimos que esta sea una lista exhaustiva. Simplemente es nuestra lista de ideas prioritarias al criar a nuestros hijos, y si prestas atención notarás que todas tienen un aspecto en común: el valor de las relaciones. En ocasiones olvidamos que la esencia de educar a nuestros hijos es realmente nutrir conexiones críticas que afecten el futuro de cada hijo.

En mi caso (Reggie), en esta etapa de mi vida mis cuatro hijos están en plena transición desde sus años en la universidad hacia la adultez. Al revisar el pasado y mirar hacia lo que viene, me asombra ver cómo estos principios han trascendido cada etapa de nuestras vivencias juntos. ¡Ojalá los hubiera tenido tan claros veinte años atrás!

En el mío (Lucas), mis hijos están haciendo sus pasos hacia la adolescencia, y no puedo dejar de pensar en lo valioso que es haber puesto estas ideas en orden cuanto antes.

Es demasiado fácil preocuparse mucho por tratar de ser un padre ejemplar, y olvidarse del verdadero propósito de la paternidad. Es por esto que queremos sugerirte algunas cosas que esperamos que recuerdes mientras lees este libro.

El primer principio que queremos compartirte es este:

***Nadie tiene mayor potencial para influenciar a tus hijos que tú.***

E influenciarás a tus hijos lo quieras o no, para bien o para mal.

Probablemente ya intuías que tú eres la influencia principal en la vida de tus hijos. La mayoría de los padres saben que la relación con sus propios hijos es muy importante. Somos conscientes de la responsabilidad que implica ser mayordomos de influencia durante los años formativos de alguien más.

Esta es una responsabilidad de los padres, más que de cualquier otra persona en el planeta. Los maestros, los pastores, y los entrenadores nunca tendrán un potencial tan enorme para influenciar el carácter, la autoestima, las perspectivas, y la fe de un niño, como el que tiene un padre o una madre. El maestro, el pastor, y el entrenador ejercerán una influencia temporal que estará presente en determinadas etapas de la vida de tu hijo. Pero tu influencia como padre será permanente.

¿Estás comenzando a sentirte un poco presionado? Bueno, tal vez sea saludable que cada tanto te sientas un poco desesperado... especialmente si esa desesperación te lleva a pedir ayuda y a admitir que no tienes la habilidad de ser un padre perfecto o una mamá sin arrugas emocionales. Si la paternidad o la maternidad no te resulta un poco intimidante, quizás todavía no comprendiste realmente lo crítico que es tu rol.

Por supuesto que, si quisiéramos *verdaderamente preocuparte*, comenzaríamos a citar a los expertos y sus análisis estadísticos sobre los índices de deserción escolar, los embarazos adolescentes, y los jóvenes que terminan en prisión por tener malos padres. Hasta podríamos demostrarte que, si no cenas suficientes noches en casa con tus hijos, ellos terminarán descarriados y en malos pasos. Pero nunca usaríamos esa información para que entres en pánico…

Relájate, si eres como nosotros, de seguro ya sientes que las expectativas hacia los padres son bastante elevadas. No hace falta convencerte. De hecho, ¡por eso estás leyendo este libro!

La mayoría de nosotros comenzamos con una vara demasiado alta. En mi caso (Reggie), cuando nació nuestro primer hijo, Debbie y yo decidimos que nunca pelearíamos frente a nuestros hijos, nunca les dejaríamos mirar televisión, y nunca les daríamos comida chatarra. Eso fue antes de darnos cuenta de que el único momento en que podíamos pelearnos tranquilos era cuando ellos miraban televisión, y que cada propaganda de McDonald's tenía mensajes subliminales que hipnotizaban a nuestros hijos para rogarnos que les compremos McNuggets. Nuestros estándares no duraron demasiado tiempo en pie, y así fue como comenzamos a sentirnos culpables desde el inicio de nuestra experiencia como padres.

¿Qué tiene que ver todo esto con la influencia? El punto es que existe un sentido innato de responsabilidad en la mayoría de los padres, simplemente por el hecho de ser padres. Sin embargo, el deseo que tienes de hacerlo bien, puede llevarte erróneamente a tratar de ser un padre perfecto, cosa que nunca llegarás a ser. Podemos creer el mito de que para ser padres exitosos tenemos que cumplir con una lista aun más larga de cosas, ser más organizados, trabajar mucho más duro y, sobre todo, nunca cometer errores... Pero en lugar de eso, debemos recordar que nuestra influencia tiene más que ver con nuestra *relación* con nuestros hijos, que con nuestra *habilidad* como padres.

**SI TIENES EXPECTATIVAS IRREALES CONTIGO MISMO, ES PROBABLE QUE CREES UNA ATMOSFERA EN LA QUE TE FRUSTRES.**

Te lo decimos más claramente: Tu propósito como padre no es desarrollar destrezas paternales excepcionales.

Si tienes expectativas irreales contigo mismo, es probable que crees una atmosfera en la que te frustres y desanimes, perjudicando así también a tus hijos. Si no eres cauteloso, ese celo de pretender «ganar» en este tema de la paternidad dará origen a una cultura enfermiza en tu hogar.

Es imprescindible cuidar tu perspectiva, y mantenerte enfocado en el rol principal de la familia.

Tu rol no es el de impresionar a tus hijos ni a los demás con tu habilidad para educarlos; tu rol es impresionar a tus hijos con el amor y la naturaleza de Dios. El hecho de que nadie tenga mayor potencial que tú para influenciar a tus hijos, implica que cuentas con una ventaja natural, que viene de parte de Dios, para amarlos y guiarlos. ¿Significa esto que no debes preocuparte por mejorar tus habilidades como padre? Claro que no.

> Tú eres una madre. Tú eres un padre. Nadie más puede hacer lo que tú puedes hacer.

Significa que eres padre desde la perspectiva de una relación; no según tus competencias o habilidades. Esto nivela el terreno de juego para los padres. Dicho de otra manera, esta es la razón por la cual una madre o un padre pueden no ser expertos en comunicación, ni genios de la psicología infantil y, sin embargo, ser padres excepcionales. Tu relación con tus hijos te da el potencial de influenciarlos como nadie más lo puede hacer.

Tú eres una madre. Tú eres un padre. Nadie más puede hacer lo que tú puedes hacer.

Por eso escribimos este libro. Porque creemos en el potencial que tiene cada padre y madre para hacer lo que solo ellos pueden hacer. Pero existe otra cara de la moneda en este principio. En esa otra cara queremos enfocarnos en estas páginas: Algunas cosas están más allá de lo que un padre o madre puede hacer.

Llegó la hora de que lo asimiles: Tu familia actual nunca será suficiente para tus hijos.

Ni los mejores padres de la mejor familia serán suficientes si trabajan ellos solos intentando desarrollar hijos espiritualmente, relacionalmente, y emocionalmente saludables. Y lo aclaramos de nuevo: no estamos tratando de subestimar tu rol. Acabamos de reconocer la gran relevancia que tiene. Lo que estamos tratando de hacer es balancearlo con la polaridad de dos verdades que coexisten. Los padres son una influencia esencial y primordial, y hay cosas que nadie puede hacer tan bien como un padre o una madre. Pero existe otra verdad igualmente importante: hay algunas cosas que los padres y madres no pueden hacer tan bien como otras personas.

El segundo principio que queremos compartirte sobre la influencia es, entonces:

*Tú no eres la única influencia que tus hijos necesitan.*

Algunos padres piensan que son la única guía que necesitan sus hijos. Esto comienza en la etapa de la primera infancia. Luego llegan a la edad escolar, y un poco más adelante descubrimos que tenemos adolescentes en nuestra casa. Tarde o temprano comenzamos a darnos cuenta de que nuestros hijos necesitan algo más que solo nuestro aporte.

Dios ha diseñado a todos los seres humanos para necesitarse unos a otros y para desear conectarse unos con otros. Durante la adolescencia tus hijos viven un proceso de crecimiento; la transición hacia la independencia y la adultez. Esto es clave para su valor personal, al tiempo que comienzan a expandir su propia influencia y a formar parte de una historia más grande. Cuando aprendes a ser un padre más allá de tus habilidades, aprovechas la influencia de otras personas que también tienen el potencial de impactar el futuro de tus hijos. Entonces te vuelves intencional en modelar valores relacionales. Cambias resultados a corto plazo por un impacto a largo plazo. En cierta manera, ese es el punto principal de este libro: Un día tus hijos buscarán afirmación y aprobación de otros adultos aparte de ti. O te propones ser intencional en reclutar a otros adultos confiables para influenciar a tus hijos, o puedes intentar criarlos dependiendo únicamente de tu capacidad limitada y dejando el resto echado a la suerte. Puedes ayudarlos de manera proactiva a encontrar relaciones estratégicas para sus vidas, o puedes dejarlos solos para que busquen al azar influencias que le den forma a su carácter y a su fe.

¡Acéptalo! Tus hijos se interesarán por muchas cosas en las que no eres hábil. Tal vez sea en el área de la educación, la salud, los deportes, la música, u otros talentos que Dios haya puesto en ellos. La buena noticia es esta: El hecho de que no cuentes con una habilidad especifica, no quiere decir que no cuentes con la influencia relacional como para dirigir a tu hijo o hija hacia el lugar de ayuda que necesita. ¿Acaso no es eso lo que los padres hacen todo el tiempo? Si no posees una habilidad para ayudar a tu hijo, tomas la iniciativa de extenderte más allá de tus propias habilidades. Buscas un tutor, maestro, entrenador, doctor o enfermera que te ayude. Ese compromiso serio de hacer lo que puedes hacer, y de buscar la ayuda de otros para hacer lo que tú no puedes hacer, es poner en práctica una paternidad más allá de tus habilidades actuales. Tu relación con tus hijos y tus esfuerzos por dirigirlos hacia la dirección correcta son más importantes que tus capacidades o habilidades personales.

¿Qué tal si simplemente admitieras que no cuentas con la capacidad suficiente como para criar tú solo a tu hijo o hija?

¿Qué pasaría si decidieras invitar intencionalmente a otros líderes a interactuar con tus hijos?

Y aquí es cuando aparece el tercer principio que queremos compartirte:

***Dos influencias combinadas producirán un mayor impacto que dos influencias separadas.***

Eso es lo que llamamos el *Factor Naranja.*

Si aún no lo has experimentado, no tardarás en encontrar a tu hijo de edad preescolar pintando con sus deditos. Verás que sucede algo mágico cuando un niño descubre que mezclar dos colores produce algo nuevo. ¡Es emocionante ver cómo dos pigmentos pueden fusionarse para crear algo diferente y único!

Eso es lo que sucede cuando el rojo y el amarillo combinan sus esfuerzos para crear el naranja.

En este libro usamos el color naranja para simbolizar lo que significa ser padres más allá de nuestras habilidades. Es solo una manera visual de recordarles a los padres que necesitan otras influencias en las vidas de sus hijos. Si confías en otra persona para ayudarle a tu hija en matemáticas, estás «pensando en naranja». Si dependes de un entrenador para enseñarle a tu hijo a patear una pelota, estás «pensando en naranja». De hecho, en mi caso (Lucas), mientras escribo esto me acabo de sorprender por el efecto de un entrenador en la manera de jugar al futbol de mi hijo Max. De muy chico yo intenté enseñarle a jugar al futbol sin muchos resultados, y ahora, en apenas unas clases, este entrenador le ha ayudado a lograr algunos movimientos que yo no encontraba cómo enseñarle. ¡Y no porque yo no supiera hacerlos!

Eso es lo que sucede cuando recurres a otra influencia, además de la tuya propia, para provocar un mayor impacto.

Y ahora la pregunta:

¿Qué tal si aplicáramos el mismo principio en lo que hace al desarrollo moral y espiritual de nuestros hijos? ¿Qué tal si le asignáramos el color rojo al amor incondicional de la familia, y el amarillo a la luz que proviene de una amplia comunidad de fe? Cuando esas dos influencias combinan sus esfuerzos para influenciar a un niño, ¡el resultado es transformador!

Quienes escribimos estas páginas lo hemos visto de primera mano. Hemos observado el rol que juegan otros líderes cristianos en la vida de nuestros hijos, y el efecto ha sido liberador y poderoso. Cuando pensamos en naranja, ese color nos recuerda la importancia de que los padres se asocien con la iglesia. Ambos son importantes individualmente, pero el principio es muy

> **Tanto la iglesia como la familia son sistemas conformados por gente imperfecta, pero diseñados por Dios para contar Su historia al mundo**

simple. Si pintas solo con rojo, podrás ver únicamente lo que el rojo puede hacer. Si pintas solo con amarillo, podrás ver únicamente lo que el amarillo puede hacer. Pero si pintas con rojo y amarillo, podrás ver toda una gama de nuevas posibilidades, soluciones frescas, y resultados vibrantes. Cuando piensas en naranja compruebas que dos influencias combinadas producen un impacto mayor que dos influencias separadas.

Hay dos influencias poderosas en el planeta: la iglesia y el hogar. Ambas existen porque Dios las inició.

Ambas existen porque Dios desea usarlas para llevar a cabo Su plan de redención y restauración.

Tanto la iglesia como la familia son sistemas conformados por gente imperfecta, pero diseñados por Dios para contar Su historia al mundo.

La tarea principal de ambas es construir el reino de Dios en los corazones de hombres y mujeres, hijos e hijas.
Si trabajan juntas, pueden provocar un impacto mayor que si trabajan solas.

Se necesitan entre sí.

Hay demasiado en juego como para que cualquiera de las dos fracase.

Cuando piensas en naranja, aceptas el desafío de sumar tu influencia a la de una comunidad de fe, para producir un impacto mayor al que pudieras aportar por ti mismo.

# El Factor Naranja

No te estamos sugiriendo simplemente que busques una iglesia para que tus hijos sean más espirituales. Eso sería estar pintando solo de color amarillo. Y si piensas darles a tus hijos nada más que lo que tu familia puede ofrecer, eso sería estar pintando solo de color rojo. Probablemente tanto tu familia como la iglesia estén intentando hacer el mejor trabajo posible. El problema es que lo están haciendo de manera independiente. Las iglesias están llenas de programas que inspiran a las familias, e innumerables familias participan regularmente en sus iglesias locales. Los dos grupos trabajan muy duro para desarrollar la fe en la nueva generación. Trabajan de manera simultánea, pero en la mayoría de los casos no trabajan en sincronía. A veces incluso trabajan en metas similares. Pero trabajar en lo mismo al mismo tiempo, no es tan efectivo como trabajar en lo mismo al mismo tiempo y *con la misma estrategia.* Cuando sincronizas creativamente los dos ambientes, obtienes más que solo rojo o amarillo: descubres el *Factor Naranja.*

Es nuestro anhelo que este libro te ayude a saber cómo encontrar las influencias correctas para lograr un mayor impacto en la vida de tus hijos y en las siguientes páginas queremos ayudarte a esclarecer los valores que creemos que te ayudarán a priorizar las relaciones que moldearán el futuro de tus hijos.

Vamos a invitarte a que participes con tu familia en una historia más grande. Una historia que ensanchará sus perspectivas y les revelará un rol preponderante en este mundo. Se trata de una historia que involucra más que solo a tu familia. Involucra a otras personas que están en una búsqueda, intentando descubrir quién es Dios y por qué una relación con Él realmente importa.

Al mismo tiempo, esperamos que los valores esenciales de este libro te ayuden a navegar mejor a través de las diferentes etapas de la paternidad. Queremos motivarte a que:

**Amplíes el círculo...** invitando a otros a invertir en tus hijos, de modo que ellos cuenten con más voces que les ayuden a moldear y determinar la dirección para sus vidas.

**Imagines el final...** enfocando tus energías y esfuerzos en asuntos que tendrán un impacto duradero.

**Luches por el corazón...** creando una cultura de amor incondicional en tu hogar para estimular la salud emocional y moral de tus hijos.

**Establezcas un ritmo...** aprovechando el poder de los momentos de calidad juntos, y construyendo un sentido de propósito a través de las experiencias diarias.

**Lo hagas personal...** permitiéndoles a tus hijos ver cómo trabajas para crecer, de manera que ellos puedan aprender cómo confrontar sus propias limitaciones y perseguir el carácter y la fe.

CAPÍTULO 2

# El Síndrome de la Familia Stock

Dios no está promoviendo una imagen perfecta; está escribiendo una historia más grande.

¿Cómo te sientes en tu rol de padre o madre? ¿Tu familia de hoy es igual a la imagen que tenías en mente antes de casarte? La realidad es que todos nosotros tenemos una foto mental, y quizás emocional, de lo que pensamos que debe ser una familia. Nuestras imágenes provienen de diversas fuentes: conceptos tradicionales, familias que creemos conocer, aunque no las conocemos en la intimidad, libros o revistas que hemos leído sobre paternidad, series de TV, y muchas más.

Tal vez tu foto de «la familia ideal» la tomaste de la iglesia. Incluso quizás tu iglesia desarrolle anualmente una serie de mensajes sobre la familia, diciéndote que la foto de tu hogar debería ser más o menos así: papá es la persona a cargo, tienen un devocional muy temprano por la mañana durante el desayuno, oran juntos cada noche, en el automóvil escuchan solo música cristiana, hay versículos colgados en las paredes de la casa, cada uno permanece perfectamente dentro del rol bíblico de esposo y esposa, votan siempre por el partido conservador, y dan religiosamente el diezmo de su ingreso bruto. En esta casa, los hijos se levantan por la mañana, llaman a sus padres «bendecidos», y nunca, jamás, están de mal humor o reprueban exámenes en la escuela.

También hemos aprendido mucho de las imágenes que nos rodean, y gracias a las agencias de publicidad seguramente tienes una impresión mental de cómo «debería lucir» tu familia. Esta clase de imágenes las encuentras en el centro comercial, en el cine, en las revistas, en los boletines y carteles de la iglesia, en el consultorio médico, y hasta en lo de tu odontólogo (aunque no estás seguro de por qué alguien quiere sonreír allí). En todas partes te recuerdan cómo se viste y cómo actúa una familia «ideal».

## Conoce a la familia "ideal"

Observemos juntos por un momento a una de esas familias ejemplares con las que algunos de nosotros soñamos en convertirnos.

Ellos son la familia del banco de fotos: Robert y Alicia Stock y sus dos hijos, Juan Manuel y María Pía. El padre se ve impecable, luciendo unos jeans caros y una camisa de marca. La madre tiene el cabello largo, una sonrisa encantadora, y sus dientes blancos y perfectos. Juan Manuel es dos años y medio mayor que María Pía, y cada uno le abre la puerta al otro cada vez que entran a un lugar. El sol brilla en el cielo, y justo al borde de la foto se alcanza a ver una canasta de picnic.

La familia perfecta, ¿verdad?

Muchas veces nos enfocamos en la imagen que nos han dado de un cierto tipo de familia. Idealizamos a la familia Stock como si todas las familias debieran ser como ellos.

Y todo es sensacional hasta que nos damos cuenta de que la familia Stock no es una familia real. Son lo que su nombre indica: una imagen de catálogo en un banco de fotos. Los han retocado con Photoshop. Y son solo cuatro modelos atractivos a quienes les pagaron para tomarse fotografías juntos, para que luego el centro comercial, las tiendas de ropa, los supermercados, y aun hasta las iglesias puedan usar esa imagen para crear la ilusión de algo que en realidad no existe.

Por supuesto, la foto de los Stock hace justamente lo que fue diseñada para hacer: denotar la imagen de una vida perfecta y crear al mismo tiempo una profunda insatisfacción por nuestras propias circunstancias de la vida real, de modo tal que queramos comprar algo que nos haga parecernos más a ellos.

Lo revelador es que, en la vida real, los Stock pueden tener rasgos que están muy ocultos en la foto. Robert puede ser un farmacéutico que se encuentra luchando con una adicción a las drogas de prescripción médica, y Alicia tal vez esté cayendo en una depresión crónica por las deudas en sus tarjetas de crédito. Quizás Juan Manuel tenga heridas emocionales que lo llevan a ser un bully en la escuela, y María Pía necesite urgente una terapia por su manía de quitarle la cabeza a sus Barbies.

Claro que estamos bromeando y nada de esto es verdad. Pero lo que sí es verdad es que *esta* historia se asemeja más a una familia real que eso que muestra la imagen del catálogo. Es más cercana a lo que la mayoría de las familias realmente viven.

## LA VERDADERA FOTO

Cada familia enfrenta una realidad diferente. Tal vez sea una adicción, una infidelidad, un divorcio, o un hijo o hija fuera de control. Aunque también puede ser algo menos dramático, que no por eso deja de ser un verdadero desafío.

Quizás sea la fatiga a partir del estrés, de la insatisfacción vocacional, de un matrimonio que ha caído en la rutina, de demasiadas noches afuera con las mismas personas, o del aburrimiento propio de los suburbios o de iglesias sin un plan.

Otros enfrentan a un huésped inesperado que sacude la vida familiar: una enfermedad, un accidente, el despido de alguien, o simplemente *algo* que salió mal.

Sea lo que sea, hay millones de familias que no están viviendo lo que anhelaban vivir.

¿Y entonces qué hacemos? El común denominador es este: nos quedamos idealizando una imagen de familia que jamás podremos alcanzar. Miramos a los Stock y decimos: «*Esos no somos nosotros...*», pero todavía sentimos una presión desmedida para llegar a ser *como ellos.*»

Perdemos de vista que la gran mayoría de nosotros no encajamos en la foto de los Stock, porque lo *real* dista mucho de lo *ideal*, y esa foto nos hace olvidar que:

- La familia es conflictiva, porque los seres humanos lo somos.
- Es difícil ser padres.
- No existe un modelo único de familia.

Los ejemplos son muchos. Incluso, si miramos la Biblia...

¿Lo notaste alguna vez? Cuando vas a la Biblia, los ejemplos de padres que encuentras allí te sorprenden, ¡porque no son lo que esperabas!

NOÉ tenía problemas con el alcohol.
ABRAHAM le ofreció su mujer a otro hombre.
REBECA hizo un complot con su hijo para engañar a su esposo Isaac.
Los hijos de JACOB vendieron a su propio hermano como un esclavo.

DAVID tuvo una aventura amorosa, y su hijo comenzó una rebelión.
ELI perdió el control sobre la manera en que sus hijos se comportaban en la iglesia.

Y podrías decir: «Pero, ¿qué tal José y María? Ellos criaron a Jesús, y él salió bueno». Es verdad, pero no olvides el momento cuando lo dejaron en la sinagoga por tres días. En la actualidad los hubieran denunciado al Departamento de Protección de Menores. Y no te olvides de que también fue un hijo que hizo enojar a las autoridades religiosas de su época, y se buscó una cruz.

Si lo piensas bien, quienes tuvieron todo como para ser los mejores fueron Adán y Eva. Ellos podrían haber sido buenos ejemplos... de no haber causado (sin ayuda de nadie) la caída de la raza humana, y haber criado posteriormente un hijo que mató a su propio hermano.

Todo un shock, ¿verdad? ¡Esas son las familias bíblicas! Lo decimos de nuevo: BÍBLICAS.

## LA HISTORIA DE DIOS

A medida que lees la Biblia te das cuenta que los programas de TV actuales sobre escándalos familiares podrían contar con una amplia gama de invitados bíblicos. ¿Por qué Dios eligió a estos para vestir las páginas de Su libro sagrado?

Seamos sinceros. Si los padres de la Biblia hubieran llegado a tu iglesia, hubieras enviado a la mayoría a consejería inmediatamente. Y estamos seguros de que no querrías que ninguno de ellos fuera un líder espiritual de tus hijos.

> **Si los padres de la Biblia hubieran llegado a tu iglesia, hubieras enviado a la mayoría a consejería.**

Queremos tener cuidado en que esto se entienda bien. Nadie está desmereciendo a los padres que quieren guardar con pasión las tradiciones religiosas. Solo estamos destacando que podría afirmarse que en la Biblia no encontramos padres perfectos, y que Dios tuvo que tener un plan detrás de eso. La Palabra de Dios da consejos en cuanto a la paternidad, y nos presenta numerosos principios universales que deberíamos aplicar, pero no intenta convencernos de que David, Noe o José hayan sido padres excepcionales.

Nuestra deducción es que Dios no estaba tratando de promover una imagen de familia ideal, y sospechamos que lo hizo para darnos esperanza a todos los demás.

El punto es que Dios no está tratando de mostrarte una imagen de familia perfecta, pero sí está escribiendo una historia. Una historia de muchos capítulos. Una historia en desarrollo. Una historia que es un proceso, no un momento preciso que se reduce a una super foto. Una historia en cuyo transcurso te encontrarás con múltiples oportunidades. Porque no se trata de una foto instantánea, sino de un guión en el cual Dios desea revelarse una y otra vez.

En esta historia de Dios, la fe cotidiana se convierte en realidad. Nos da la oportunidad de redefinir nuestras relaciones. Una manera de comenzar de nuevo. Continuamente. Es una historia que le brinda nuevas oportunidades a cada padre, a cada madre, y a cada familia.

La reacción que creemos que deberíamos tener al pensar en las historias de la Biblia es: *«Si Dios pudo usarlos a ellos... entonces tal vez haya esperanza para nosotros también».*

# DIOS SIEMPRE MUESTRA LA VERDAD

Al mirar la Biblia con atención, la gente se pregunta por qué las historias de la Biblia son tan conflictivas, difíciles e incluso violentas. Honestamente, eso es algo por lo cual estar agradecidos. Significa que Dios está realmente involucrado en *nuestro* mundo, no en un mundo imaginario. Dios está escribiendo una historia en vidas reales, en tiempo real, y de forma real.

A mí (Lucas), por ejemplo, me llama poderosamente la atención que Dios haya incluido en la Biblia un libro de «lamentaciones», y otro como Eclesiastés, donde hay un sabio amargado que llama a todo «pura vanidad», y sin embargo en la música cristiana de hoy insistamos en cantar solamente letras triunfalistas, donde no hay espacio para estas emociones «negativas.» Lo puedo entender, claro, pero no deja de ser algo para analizar...

**LA BIBLIA DEMUESTRA CON UNA SINCERIDAD SORPRENDENTE QUE DIOS ESTÁ INTERESADO EN UTILIZAR A GENTE QUEBRANTADA.**

La Biblia demuestra con una sinceridad sorprendente que Dios está interesado en utilizar a gente quebrantada para contar Su historia. De hecho, según las Escrituras, las personas quebrantadas son las mejores para contar la historia de Dios. Son los protagonistas principales de casi cada relato que hay allí.

Al parecer, Dios está más interesado en usar a personas quebrantadas, que en crear una imagen perfecta. Es como si Dios estuviera diciendo: *«Voy a usar a iglesias y familias compuestas de gente quebrantada como plataformas para demostrarle al mundo que soy un Dios de restauración y redención».*

## La historia de tu familia tiene un propósito

Muchos de nosotros hemos creído el mito de que necesitamos convertirnos en el tipo ideal de padres antes de que Dios pueda usarnos. Sin embargo, la verdad es que Dios anhela contar Su historia a través de nuestras imperfecciones y quebrantos y sea a dónde sea que te encuentres ahora mismo, es ahora que puede usarte para ser parte de la suya.

Dios quiere usar a nuestras familias imperfectas para mostrar lo que significa tener una fe auténtica y cotidiana en un Dios que redime y restaura a personas quebrantadas. En lugar de pintar la imagen de una familia perfecta, Dios quiere usar a tu familia imperfecta como un lienzo para pintar Su historia de redención.

¿QUÉ SI NUESTRO TRABAJO NO FUERA ARREGLAR LA FAMILIA PARA QUE TODOS QUEDEN COMO UNA FOTO RETOCADA?

Si invitas a Dios a tu historia imperfecta, y colaboras con lo que Él quiere hacer en tu vida y a través de ella, la dinámica de tu familia cambiará radicalmente. Si tu imagen familiar no es como la que quisieras ver en este momento, tal vez estés tentado a tirar la toalla. No te enfoques en la foto. Enfócate en la historia más grande que Dios desea ilustrar a través de ti.

## Grados de disfunción

En toda familia existe un cierto grado de disfunción. Después de todo, una familia es solo un grupo de seres humanos imperfectos. Como padres, es fácil desanimarnos, especialmente si hemos estado intentando *arreglar* nuestra familia. La historia no está de nuestro lado. Pero, ¿qué si nuestro trabajo *no* fuera *arreglar* la familia para que todos queden como una foto retocada? ¿Qué si nuestro propósito como padres fuera iluminar una historia más grande, e influenciar a la próxima generación para que ellos se encuentren con Dios de un modo más genuino?

Piensa en esto: Si estás preocupado intentando convertirte en la familia Stock, te será fácil caer en la trampa de...

- sentir que no estás a la altura de las exigencias. (Tal vez esa sea la razón por la que dejaste de ir a la iglesia o de juntarte con otros cristianos.)
- perder credibilidad ante otros padres que notan la diferencia entre lo que eres y lo que dices ser. (Tal vez esa sea la razón por la que muchos de tus amigos no van a la iglesia).
- desanimar a otros padres con exigencias que no pueden cumplir. (Esta puede ser la razón por la que los padres se rinden y se desconectan de los lugares en donde podrían encontrar los recursos que más necesitan).

Ser padres ya es de por sí una tarea demasiado intimidante. Si fijamos las exigencias a niveles que ni la misma Biblia muestra, ¡¿de qué forma estamos ayudando a las familias?!

Las imágenes ideales de perfección paralizan a los padres. Las demandas inflexibles provocan que las familias pierdan la esperanza. En nuestra experiencia hemos visto que cuando los padres se obsesionan con una imagen ideal, en realidad se logra lo opuesto a expandir su capacidad: eso drena sus energías.

El aspirar a tener una imagen perfecta puede devastar tu corazón de padre y perjudicar la esperanza futura de tus hijos. Por otro lado, el enfocarte en la historia que Dios quiere contar, y apuntar a un contexto más amplio de vida, despertará tu fe y ampliará tus posibilidades.

## DOS ENFOQUES DIFERENTES

Lo que estamos sugiriendo es que existen dos enfoques diferentes respecto a cómo vemos a la familia.

Cuando tomamos el enfoque de «la imagen perfecta», tratamos de encasillar a cada familia a esa foto que muestra lo que pensamos que la familia ideal debería ser.

Cuando tomamos el enfoque de «la historia más grande», aprendemos a ver a cada familia como una potencial plataforma para que Dios muestre al mundo Su historia de redención y restauración.

Esto requiere un cambio de perspectiva. Debemos cambiar el modo en el que nos vemos y evaluamos a nosotros mismos como padres y madres, y también debemos transformar nuestra manera de ver a otros padres y familias, tanto dentro como fuera de la iglesia.

Una noche muy tarde, yo (Reggie) escribí una frase para recordarme lo que es realmente importante. Me da fuerzas cuando siento que no estoy haciendo muy bien mi labor de padre. También me recuerda cómo debo ver a cada padre y familia con quienes me encuentro:

*«Dios está trabajando, contando una historia de restauración y redención a través de tu familia. No importa cómo se vea tu familia o cuán limitadas sean tus habilidades, puedes cooperar con lo que Dios desea hacer en tu corazón para que tus hijos tengan un asiento en primera fila para ver la gracia y la bondad de Dios.»*

¿Qué pasaría si de verdad creyéramos que Dios tiene una historia más grande de la que podemos ser parte?

Para los que están casados.
Para los que nunca se han casado.
Para los que están divorciados.
Para los que han adoptado hijos.
Para los que han asumido responsabilidad por los hijos de sus hijos.

Para los que viven en su vecindario soñado.
Para los que viven en un apartamento de una sola habitación.
Para los que no tienen dónde vivir.
Para los que se sienten atrapados por una crisis financiera.
Para los que tienen alguna limitación por problemas de salud.
Para los que han sido abusados por alguien amado.
Para los que van a la iglesia.
Para los que no van a la iglesia.
Para los que creen en Dios.
Para los que nunca creyeron en Dios.
Para los que creyeron y dejaron de creer.
Para los que no tienen idea de en qué creer.

¿Qué tal si simplemente comenzaras a mirar a tu familia en el contexto de una historia más grande? ¿Qué tal si te propusieras, más allá de tu situación actual, convertirte en una demostración viva de alguien quebrantado que puede ser restaurado? ¿Qué tal si invitaras a tus hijos a formar parte de una historia más grande, en lugar de motivarlos a amoldarse a un ideal superficial?

Quizás comiences a tener un potencial renovado como padre o madre para darles a tus hijos un sentido permanente de esperanza. Quizás descubras oportunidades frescas de afectar el modo en que tus hijos ven el futuro. Puedes empezar a influir sobre la manera en que tus hijos abrazan la fe cotidiana, comprenden su propósito, y buscan las relaciones correctas. Cuando sumas la perspectiva de «la «historia más grande» al mundo de tus hijos, añades algo que sobrepasa tus habilidades como padre.

Dios ve a la familia en el contexto de esa historia mucho más grande y de nuestro lado, tenemos que aprender a ver las cosas desde su perspectiva. Él conoce nuestros límites y estableció este plan para que podamos criar a nuestros hijos más allá de nuestras debilidades, nuestras situaciones, y nuestra humanidad.

Este plan requiere esta perspectiva fresca de nuestra parte porque los cambios de paisaje no siempre están en el campo que miramos sino en nuestros ojos.

La Biblia no nos pinta una imagen idealizada de familia, pero sí sugiere que cada padre, madre, y niño, desempeña un rol único al reflejar el amor de Dios hacia los demás.

Piensa, por ejemplo, en las genealogías de la Biblia. Las genealogías no parecen esconder ninguna revelación profunda, ni tener ninguna relevancia para nuestra vida diaria. Sin embargo, ahora te puedes dar cuenta de que estas listas enumeran familia tras familia, y generación tras generación, para demostrar que cada familia y cada generación estaban conectadas a la historia de Dios. Puedes ver la continuidad del plan redentor de Dios revelada en el árbol genealógico hebreo desde Adán hasta Jesús, desde Génesis hasta los evangelios. Así que tal vez estas listas están allí para recordarnos que Dios está usando activamente a las familias para vincular el pasado con el futuro de modo que puedan propagar Su amor a cada generación.

LOS CAMBIOS DE PAISAJE NO SIEMPRE ESTÁN EN EL CAMPO QUE MIRAMOS SINO EN NUESTROS OJOS.

## El canal principal del flujo de gracia

La familia ha sido y es el canal principal de la gracia de Dios. Él ha utilizado a las familias (madres y padres, hijos e hijas) como una plataforma única a lo largo de la historia para manifestarle al mundo Su gloria. En el Antiguo Testamento, las promesas y los mandamientos de Dios eran transmitidos de una generación a la siguiente por medio de las familias. El corazón de Dios era conocido principalmente a través del corazón de la familia.

Aunque el concepto de familia ha tenido diferentes connotaciones en el tiempo, siempre ha sido algo importante. Se organizan gobiernos, se construyen muros, y se pelean batallas por causa de las familias. Es el núcleo de la civilización, y la principal influencia en la condición humana. La familia le ha dado forma a la esencia de las estructuras sociales, religiosas, y políticas de cada sociedad. El corazón de la familia afecta a cada niño y al futuro de cada nación. Durante siglos, reyes y reinas, presidentes y senadores, pastores y sacerdotes han intentado abordar y resolver los asuntos referentes a la familia, porque todo líder sabio sabe que lo que ocurra en la familia, repercutirá en el mundo.

Hubo un famoso líder del Antiguo Testamento que comprendió esto particularmente bien. Él fue designado para estar al frente de un pueblo de refugiados que habían sido severamente oprimidos. Ese pueblo había sufrido cientos de años de persecución. Su identidad como raza había sido amenazada, su voluntad aplastada, y su fe agredida. En un intento legendario de rescate, su líder se convirtió en la influencia estratégica que salvó a la nación entera de un probable genocidio. Les ayudó a redescubrir su unidad como pueblo y a reconstruir su fe. Su transición hacia la sanidad y la recuperación les tomó varias décadas, cientos de millas e innumerables desafíos. La raza entera soportó un proceso agonizante en preparación para redimir su herencia.

Luego de años de espera, se acercaba el día en que estas personas reclamarían su tierra y asentarían a sus familias en su país natal. Repentinamente, se difundieron rumores por toda la nación de que su líder estaba renunciando. La gente entró en shock, pensando en que él había llegado demasiado lejos como para no completar la jornada junto con ellos. Él se había convertido en su patriarca... un héroe para sus hijos. Él había rescatado y reavivado su destino como pueblo. Este era su momento crucial. Estaban a punto de vivir sus mejores días.

Intrigados, se reunieron para escuchar su discurso de despedida. Él comenzó haciendo un recuento de su travesía y recordándoles los pactos que habían hecho con su Dios. Ellos ya habían escuchado todo esto antes, así que por un momento les pareció que simplemente estaban repasando lo que ya sabían.

Luego, él comenzó a hablar con un tono diferente.

En sus palabras y en su voz, podían escuchar una nueva e inesperada preocupación acerca del futuro de su pueblo. Ellos estaban emocionados de finalmente llegar a su destino prometido, pero él parecía estar nervioso por la manera en que estas nuevas bendiciones pudieran afectar su fe. Más específicamente, él parecía resuelto a enseñarles la manera en que ellos deberían transmitir su fe a sus hijos y a las generaciones venideras.

Había demasiado en juego como para olvidar lo aprendido. Llegar hasta ese momento les había tomado un largo tiempo, y él quería asegurarse de que ellos no cometieran los mismos errores que muchos de sus padres habían cometido. Luego, él dijo algo profundamente diferente a lo que solía decirles, desafiando así a cada oyente:

> *«Escucha, Israel: El SEÑOR nuestro Dios es el único SEÑOR. Ama al SEÑOR tu Dios con todo tu corazón y con toda tu alma y con todas tus fuerzas. Grábate en el corazón estas palabras que hoy te mando. Incúlcaselas continuamente a tus hijos. Háblales de ellas cuando estés en tu casa y cuando vayas por el camino, cuando te acuestes y cuando te levantes. Átalas a tus manos como un signo; llévalas en tu frente como una marca; escríbelas en los postes de tu casa y en los portones de tus ciudades.*
> *El SEÑOR tu Dios te hará entrar en la tierra que les juró a tus antepasados Abraham, Isaac y Jacob. Es una tierra con ciudades grandes y prósperas que tú no edificaste, con casas llenas de toda clase de bienes que tú no acumulaste, con cisternas que no cavaste,*

*y con viñas y olivares que no plantaste. Cuando comas de ellas y te sacies, cuídate de no olvidarte del* SEÑOR, *que te sacó de Egipto, la tierra donde viviste en esclavitud».*

**Deuteronomio 6.4-12**, Nueva Biblia Viva (NBV)

Deuteronomio documenta de esta manera el mensaje que Moisés les dio a los israelitas antes de morir, y justo antes de que tomaran posesión de la tierra prometida.

Moisés está a punto de pasarle el liderazgo a Josué, y da su discurso de despedida haciendo referencia a los asuntos críticos que Israel enfrentará en el futuro. Como el líder experimentado de ciento veinte años que ha llegado a ser, Moisés le advierte al pueblo hebreo sobre el peligro de echarlo todo a perder por las riquezas de Canaán.

Les amonesta a «tener cuidado de no olvidar a Dios», porque sabe lo fácil que resultará para ellos dejarse distraer por la prosperidad y las riquezas que están a punto de encontrar. Y finalmente les da un plan para guardar su herencia y transmitir su fe a las próximas generaciones.

Las palabras de Moisés son intencionales, y resultan estratégicas para cualquier persona interesada en dejar un legado. En un momento crucial de la historia de Israel, este líder le habla a la nación entera y llama a cada uno a hacerse responsable sobre cómo educar a la próxima generación. Nadie está excluido de este círculo. Sus comentarios encierran, para todos los padres y madres, un conocimiento increíble acerca de su rol en cuanto a influenciar la relación de sus hijos con Dios.

En este pasaje de Deuteronomio 6 encontramos valores que ayudan a las familias a llevar adelante la responsabilidad que tienen de trasmitirles una fe cotidiana a sus hijos e hijas. El pueblo hebreo acababa de tener un encuentro con Dios que había estado lleno de asombro, descubrimiento, y pasión. Y al vislumbrarse una vida más prospera en el futuro de Israel, Moisés estaba determinado a asegurarse de que las próximas generaciones experimentaran una fe tan práctica y dinámica como la de la generación presente.

Evidentemente Moisés tenía claro que Dios eligió a la familia y a la comunidad de fe como dos entidades a través de las cuales le contaría Su historia a las generaciones futuras. Podríamos decirlo de esta otra manera:

- Las iglesias están compuestas por gente quebrantada.
- Las familias están compuestas por gente quebrantada.
- Ambas existen por la misma razón: mostrarle a un mundo quebrantado el mensaje restaurador y redentor de Dios.

Dios estableció un plan para que los padres y los líderes trabajemos juntos y de manera sincronizada con el objetivo de ayudar a las nuevas generaciones a crecer moral y espiritualmente. Los autores de este libro creemos que ese plan, y los valores que lo componen, son tan poderosos hoy como lo eran hace tres mil años. Es por ello que en los próximos cinco capítulos nos dedicaremos a explorar esos valores, y a pensar en cómo estos pueden ayudar a los padres de hoy en día a tener hogares exitosos.

¿Estamos listos? En lugar de vivir anhelando alcanzar una imagen ideal de familia, es hora de unirnos al movimiento de padres y madres que están dejando que Dios escriba una historia más grande.

## Preguntas de discusión

Describe tu imagen de «la familia perfecta». ¿De dónde viene esa idea? ¿Cómo se relaciona tu familia con esa imagen?

- ¿Pones presión sobre tu familia y sobre ti mismo para alcanzar esa imagen de «la familia perfecta»?
- ¿Cómo influye la imagen de lo que «se supone» que debes ser, sobre la manera en que educas a tus hijos?
- ¿Qué cosas en tu familia consideras que no son «ideales»? ¿Cómo crees que se siente Dios respecto a las «imperfecciones» de tu familia?
- Según lo que has leído en este capítulo, ¿cómo se siente realmente Dios sobre tu familia? ¿Cómo influye la forma en que ves a Dios, sobre la forma en que ves y lideras a tu familia?
- ¿En qué maneras has visto a Dios presente en los momentos felices de tu familia? ¿Y en los momentos de dolor?
- ¿Cómo cambiaría el modo en que ves y lideras a tu familia si comenzaras a tener la perspectiva de «la historia más grande de Dios», que redime y restaura a tu familia para Sus propósitos?

CAPÍTULO 3

# Valor Familiar #1

# Amplía el Círculo

Busca relaciones estratégicas para tus hijos.

Si comprendes el proceso físico que hay detrás del uso de una palanca de cualquier tipo, entonces tienes un concepto visual de lo que significa hacer algo más allá de tus habilidades. Una palanca te permite mover o levantar algo que de otra manera excedería tus posibilidades. «Palanca» en inglés se dice «lever», palabra claramente relacionada con el verbo francés «lever», que significa «levantar». Cuando utilizas una palanca, por lo general ejerces una cantidad determinada de fuerza desde un lado de la palanca, y este esfuerzo llega multiplicado al otro lado. Básicamente, tú haces tu parte, y la palanca aumenta tu influencia para producir un efecto mayor.

Imagina por un momento que cuentas con tres palancas que puedes mover para aumentar la influencia que afecta la vida de tus hijos. Imagina que cada palanca tiene una función diferente, pero las tres son extremadamente importantes para el futuro de tu hijo o hija. En conjunto, las palancas representan las influencias principales que determinan cómo los niños se ven a sí mismos, cómo ven al mundo, cómo toman sus decisiones, y cómo se relacionan con los demás.

En definitiva, estas palancas pueden afectar la dirección que tomará la vida de tu hijo o hija. Aunque no tienes la capacidad de impactar directamente sobre todo lo que le sucede a tu hijo, sí puedes hacer tu parte y aplicar energía en tu lado de la palanca.

## LAS TRES PALANCAS

En los próximos capítulos hablaremos en mayor detalle sobre estas tres importantes palancas, pero comenzaremos por adelantarte que la primera es la palanca que podemos utilizar para *mejorar la relación con nuestros hijos.* Lo sabes bien... en ocasiones percibes que tus hijos necesitan más de tu atención, y entonces inviertes más tiempo en ellos. Esto sucede cuando priorizas el estar presente física y emocionalmente, como resultado de comunicarte de manera habitual con tus hijos para pelear por sus corazones. Cuando estableces un ritmo y aprovechas los momentos propicios para enseñarles y para hablar a sus vidas, estás recurriendo a tus experiencias relacionales para acercarte a ellos y construir recuerdos que alimenten sus emociones. Cuando utilizas esta palanca, te aseguras de provocar tiempos de calidad en tu hogar, que ayudarán a forjar una relación saludable y una amistad duradera entre tú y tus hijos.

La segunda palanca es todavía más importante que la primera. Si quieres obtener capacidad ilimitada, usa todas tus habilidades disponibles para mover esta. Es la palanca que *profundiza la relación de tu hijo con Dios.*

Nadie tiene tanto acceso a mover esta palanca como tú. Como padre o madre, tú eres capaz de monitorear de cerca sus corazones, su carácter, y su fe. Eres el único que cuenta con el potencial para modelar y representar el amor incondicional de un Padre celestial. Cuando activas esta palanca, los impulsas hacia su propia relación con un Dios cuya capacidad para amarlos es ilimitada. Al usar esta palanca, reconoces que su relación con Dios es aun más importante que su relación contigo, y los guías hacia una relación eterna que les dará la habilidad de navegar por un futuro incierto, con esperanza.

Hay, además, una tercera palanca. Es similar a las dos primeras en que tiene que ver con relaciones esenciales. Esta palanca se vuelve cada vez más importante a medida que tus hijos crecen. Algunos expertos sugieren que, durante los años de la adolescencia, es esta tercera palanca la que mejor puedes utilizar para influir sobre la dirección hacia donde se dirigen tus hijos. A medida que tu influencia personal directa con tus hijos evoluciona en la adolescencia tardía, esta palanca se torna mucho más importante. Se trata de la palanca que *conecta a tus hijos con personas fuera de tu hogar.*

Yo (Reggie) me di cuenta de la tremenda importancia de esta tercera palanca cuando mi hijo, Reggie Paul, cumplió dieciséis años. Como padre e hijo siempre habíamos tenido una relación positiva, momentos importantes juntos y muchas conversaciones sobre la fe, y él estaba integrado completamente a nuestra iglesia. Pero en algún punto durante su segundo año de escuela secundaria, todo esto comenzó a cambiar...

A medida que comenzaba a pasar más y más tiempo con un determinado grupo de amigos y se volvía más independiente, ambos fuimos sorprendidos por la tensión que comenzamos a experimentar en nuestra relación. Estábamos trenzados en un tira y afloja que tenia que ver con... ¡adivinaste!... una chica con la que estaba saliendo.

Yo pensaba que todos esos años de experiencias compartidas conmigo como padre, harían que me prestara más atención a mí que a una chica que *acababa de conocer.* Pero estaba equivocado. No podía competir con ella. Todo explotó una noche cuando mi hijo llegó a casa más tarde de la hora permitida y entré a su cuarto para confrontarlo.

Le dije: «Llegaste tarde de tu cita y necesito saber qué es lo que está pasando».

Me respondió: «Papá, no quiero hablar contigo sobre esto».

«Bueno, no tienes opción», le expliqué. «Necesito que me cuentes todo lo que pasó esta noche, y que me lo cuentes ahora mismo».

Me miró como si yo fuera un extraño, y me dijo: «¡Nooo! Yo no voy a contarte nada».

Después hice algo que me salió naturalmente. Moví la primera palanca. Le dije: «Reggie Paul, ¡soy yo! Tú sabes que me preocupo por ti. Necesito que me cuentes lo que está pasando, porque soy tu padre».

Entonces me dijo algo que me tomó por sorpresa. Ninguno de mis hijos me lo había dicho antes. Fue valiente. Fue honesto. Pero me impactó. Él me dijo: «No, tú no entiendes, papá. Yo *no* te lo voy a decir justamente *porque* eres mi papá y tú pones las reglas».

Yo no estaba listo para esa respuesta. Estaba confundido. No sabía qué hacer. Esa noche le dije a mi esposa Debbie: «Si él no quiere hablar conmigo porque yo pongo las reglas, entonces no estoy seguro de querer seguir poniendo las reglas».

Al día siguiente, fui a ver a mi amigo Andy Stanley a su oficina y le dije: «Simplemente no comprendo. Estoy intentando que mi hijo me cuente lo que está sucediendo, pero no quiere decirme nada».

Andy pensó por unos segundos y luego, con un toque de sarcasmo, me dijo: «Bueno, y tú, ¿le contabas todo a tu padre?»

Tartamudeé: «Nnnno... pero, ¿qué tiene que ver eso?»

Al día siguiente, regresé con Reggie Paul y le dije: «Andy me dijo que debías decirme todo lo que estabas haciendo porque eso es lo que hace un buen hijo».

¡No, mentira! ¡Eso no fue lo que le dije! Le dije: «Hablé con Andy. Me contó que él tampoco le contaba todo a su padre, y me dijo que yo debería comprender por qué no me cuentas todo. Estoy tratando de entenderlo, pero necesito hacerte una pregunta diferente...». Allí comprendí por primera vez el poder de la tercera palanca. Le pregunté a mi hijo: «Si no me quieres contar a mí, ¿a quién le contarías?»

Su respuesta fue fácil. Me dijo: «Me parece bien. Te diré a quién. Le contaría a Kevin». Tan pronto como mencionó el nombre de Kevin, sentí un gran alivio, porque Kevin había sido un amigo de la familia por años. Yo sabía que Kevin amaba a nuestra familia, me respetaba y tenía nuestros mismos valores. Recuerdo que en ese mismo momento pensé que Kevin sería un lugar muy seguro al cual acudir.

Allí descubrí como nunca antes, el regalo que era para mí el contar con este otro adulto en la vida de mi hijo. No me preocupé por lo que Kevin le diría a Reggie Paul, porque sabía que le diría el mismo tipo de cosas que yo le hubiera dicho.

Ahora bien, regresemos a la conversación de ese día en la habitación de mi hijo, cuando le pregunté: «Si no me quieres contar a mí, ¿a quién le contarías?»

¿Qué tal si no hubiera habido un Kevin en su vida? ¿Qué hubiera pasado, si en ese momento decisivo, lo único que pudiera haber hecho mi hijo fuera encogerse de hombros o decirme «no sé»?

Soy afortunado de haber pertenecido la mayor parte de mi vida a una iglesia en la cual es fácil mover la tercera palanca. Donde hombres y mujeres invierten en las vidas de niños y adolescentes, porque creen que es importante ampliar el círculo.

¿Qué pasaría si tuvieras una conversación así con tu hijo o hija adolescente? ¿Tendrían tus hijos un nombre cuando les preguntes con quién quieren hablar? ¿Podrían identificar a un adulto confiable en sus vidas que les proporcione un lugar seguro al momento de luchar con asuntos difíciles?

Independientemente de la etapa en la que te encuentres como padre, podemos garantizarte una cosa:

*Llegará un momento en que tú y tus hijos necesitarán otro adulto en sus vidas, aparte de ti.*

**LLEGARÁ UN MOMENTO EN QUE TÚ Y TUS HIJOS NECESITARÁN OTRO ADULTO EN SUS VIDAS, APARTE DE TI.**

Es por esta razón que alentamos a los padres a que comiencen a mover la palanca para ampliar el círculo tan pronto como puedan. Entrenamos a los líderes de la iglesia a organizar sus ministerios para designar líderes de grupos pequeños en las vidas de los niños, desde su edad preescolar. ¿Por qué? Porque queremos asegurarnos de que los padres reconozcan el valor de tener a otros líderes confiables en la vida de sus hijos mientras ellos crecen.

Esto me ha costado particularmente en Hispanoamérica (habla Lucas). De alguna manera, fuimos convencidos de que la tarea de los líderes de jóvenes, y aun de los maestros de niños, es hacer reuniones como las del domingo solo que en un día diferente de la semana y con gente de menor edad. Por lo tanto, no hemos sido lo suficientemente *intencionales* en las relaciones. Tenemos que aprender esto juntos, ya que cuando la familia encuentra ayuda en la iglesia, la iglesia como institución también crece y se fortalece.

# LAS SEÑALES CORRECTAS

Para los papás de hoy resulta muy fácil enviar señales equivocadas a nuestros hijos cuando necesitan voces objetivas en sus vidas. ¿Por qué? Porque hablamos con buenas intenciones, pero no le agregamos a eso una buena estrategia. ¿No te ha pasado, incluso con tu esposa o esposo, que quieres decir algo, pero la otra persona entiende exactamente lo opuesto?

A mí me sucedió (habla Reggie). Luego de esa escena con mi hijo, mientras más pensaba en lo que Reggie Paul me había dicho, más lo comprendía. Él tenía sus razones cuando me dijo: «Yo *no* te lo voy a decir justamente *porque* eres mi papá y tú pones las reglas». Él no estaba simplemente queriendo decir que le preocupaba lo que yo haría si me enteraba. Iba más allá que eso. Siendo un muchacho de dieciséis años, otras cosas pasaban por su mente. Era como si me estuviera diciendo: «Tú estás demasiado cerca, te preocupas demasiado, estás demasiado conectado conmigo. En este asunto es posible que te vuelvas más emocional que sensato. No puedes ser tan racional como necesito que seas, y la razón por la que no puedes serlo es precisamente porque yo soy tu hijo y tú eres mi padre. En este momento necesito a alguien con un tipo de objetividad diferente».

Él tampoco necesitaba un COMPAÑERO o AMIGO de su propia edad. Necesita a alguien que hubiera recorrido ese mismo camino y pudiera mirar hacia atrás y decirle: «Debes tener cuidado con *esto*, y estar seguro de ir hacia *aquella* dirección».

Pero, a la vez, necesitaba algo *distinto* de un PADRE. Necesitaba alguien que se preocupara por él, pero que no fuera responsable por él. Necesitaba a alguien que le dijera lo que yo le diría como padre, pero que no pusiera las reglas.

A veces resulta complicado mover esta palanca. Tal vez mucho tenga que ver con la interpretación que hacemos de las distintas señales al comunicarnos, en relación con la memoria de otras situaciones.

Nuestra recomendación inicial es que *no te lo tomes como algo personal cuando tus hijos busquen otras voces.*

ESCOGE PREOCUPARTE MÁS POR LO QUE TUS HIJOS NECESITAN, QUE POR CUIDAR TU IMAGEN DE PADRE O MADRE.

Necesitas aceptar que no siempre serás la persona hacia la cual tus hijos correrán. De hecho, si intentas demasiado convertirte en esa persona, podrías ser de quien terminen huyendo.

En segundo lugar, *no seas tan orgulloso.*

Este tema pone nerviosos a todos los padres, incluso a quienes estamos escribiendo estas líneas. La idea de que nuestros hijos le cuenten a alguien más sobre lo que está pasando en sus cabezas, es una cosa. Pero la posibilidad de que sean sinceros con respecto a lo que está pasando en sus hogares, ¡eso tiene el potencial de exponernos a nosotros! Es aquí donde resulta necesario sacarnos la capa de Superman, y reconocer que es más importante la salud espiritual de nuestros hijos que el hecho de que otros descubran que no somos tan perfectos.

Permitamos que nuestros hijos puedan expresarse en un lugar seguro con otras personas, aunque como padres resulte un poco incómodo. De todas formas, es mejor que alguien que se preocupa por tu familia tenga esa información confidencial, que alguien a quien no le importan. Escoge preocuparte más por lo que tus hijos necesitan, que por cuidar tu imagen de padre o madre.

La pregunta clave aquí es: ¿Qué estas haciendo como padre para incentivar a tus hijos a desarrollar relaciones con personas fuera de tu hogar?

## El secreto de Israel

Este es un principio poderoso que no podemos olvidar. Cuando escuchamos a la gente referirse a Deuteronomio 6, a menudo se pasa por alto algo realmente importante al comienzo de este pasaje. Es la frase: *«Escucha, Israel»*. Ese es el contexto encubierto del pasaje. Moisés le está hablando a *todo* Israel sobre la importancia de que las familias les transmitan su fe a las siguientes generaciones. Él les estaba hablando a todos los padres, a todas las madres, *y a todos los demás*. Normalmente no le prestamos atención a este detalle, y asumimos que, porque en el capítulo hay tanto lenguaje sobre las familias y los hijos, Moisés les estaba hablando primordialmente a los padres. ¡Pero en realidad le estaba hablando a *todo* Israel! La cultura de los israelitas era de comunidad. No solo los padres estaban escuchando, sino que en la multitud también había abuelos, abuelas, tíos, tías, y todo un enorme círculo de adultos, algunos de los cuales tal vez ni siquiera tenían hijos propios. El mensaje era para *todos*.

La cultura hebrea que se describe en Deuteronomio naturalmente promovía este tipo de relaciones. Al estudiar esto, somos desafiados a repensar nuestra comprensión del concepto de familia, tal y como lo explica el Instituto Juvenil Fuller: «Una familia del Antiguo Testamento debe haber incluido a padres, hijos, empleados, tal vez hermanos adultos con sus propios cónyuges e hijos. De hecho, los hogares podrían estar compuestos hasta por ocho personas. Estos textos, como Deuteronomio 6, están tratando la crianza comunitaria de los hijos. Nuestra propia distancia cultural de estos pasajes puede hacernos poner una presión excesiva únicamente en los padres»[1].

La unidad familiar de entonces no siempre se definía de forma tan precisa como a menudo pensamos. Sin importar cómo describas el sistema antiguo, una cosa es cierta: el sistema ofrecía un apoyo multigeneracional importante para los padres. Y creemos que una de las razones por las cuales Moisés decía cosas sobre «tú, y tus hijos y tus nietos»[2] era justamente porque todas esas generaciones estaban representadas en la multitud.

¿Cómo podemos redescubrir el principio de comunidad, de un círculo más amplio, como el que existía en la historia hebrea? ¿Cómo juntamos a los padres y a la iglesia para que vean lo estratégicos que pueden resultar juntos al nutrir los corazones de los niños?

*Como padres, creemos que uno de los valores más grandes de la iglesia es su potencial de proveer comunidad para nuestros hijos.* Debemos buscar que nuestros niños y adolescentes sepan que la iglesia es un lugar al que pueden acudir y estar seguros. Un lugar en donde pueden entablar un diálogo significativo con otros adultos confiables. Un lugar en donde pueden hacer preguntas difíciles.

## AMPLIAR EL CÍRCULO IMPLICA BUSCAR RELACIONES ESTRATÉGICAS PARA TUS HIJOS.

Por si todavía no ha quedado claro, lo volvemos a decir: En una cultura en donde la comunidad no es automática y existen limitados modelos a seguir, los padres deberían ser *intencionales* en buscar y encontrar líderes espirituales y mentores para sus hijos. Cada hija y cada hijo necesita adultos en su vida que le

1. Meredith Miller, «Ministerio Familiar: las cosas buenas vienen de a tres», Fuller Youth Institute, 5 de septiembre, 2007, http://fulleryouthinstitute.org/2007/09/family-ministry.
2. Deuteronomio 6.2

digan las cosas que un padre diría, y por eso una de las decisiones más inteligentes que los padres y madres pueden tomar es la de participar en una iglesia en la que puedan encontrar el tipo correcto de influencias adultas para sus hijos.

Algunas investigaciones recientes destacan que los adolescentes que cuentan con al menos un adulto de la iglesia que haga una inversión significativa de tiempo en sus vidas... ¡son más propensos a seguir asistiendo a la iglesia! En estas investigaciones, la mayoría de los adolescentes que permanecieron en la iglesia (por un margen de 46% contra 28%) dijeron que cinco o más adultos de la iglesia habían invertido tiempo en ellos personalmente y espiritualmente.[3]
Por nuestras tareas ministeriales, los dos autores de este libro hemos observado a muchos más adolescentes de lo que es usual, y hemos visto con tristeza a demasiados de ellos que, desde el momento en que llegan a la escuela secundaria, comienzan a alejarse de su hogar. No están necesariamente haciendo nada peligroso. Y es la manera en que funcionan las cosas, podría señalar alguno. Sin dudas se están volviendo más independientes, y están empezando a redefinirse a través de los ojos de otras personas que no son su familia inmediata. Pero esto no debería significar un divorcio emocional con respecto a sus padres, y aquí es donde radica lo urgente de esas otras influencias positivas que necesitan.

A medida que nuestros hijos van creciendo, se vuelve más importante para ellos contar con otras voces que les digan las mismas cosas, pero de forma diferente. Los hijos e hijas adolescentes necesitan tener otras voces que hablen a su mundo, y los padres que no comprenden este principio, han olvidado lo que es ser un adolescente.

3. Mark Kelly, «Investigación de LifeWay: Padres, las iglesias pueden ayudar a los adolescentes a permanecer en la iglesia», Recursos Cristianos LifeWay, www.lifeway.com/article/?id=165950.

**A medida que nuestros hijos van creciendo, se vuelve más importante para ellos contar con otras voces que les digan las mismas cosas, pero de forma diferente.**

Yo puedo confirmar que esto me ha pasado de un lado y del otro de la escena (habla Lucas). No podría contar las veces que, siendo pastor de jóvenes, alguna mamá me dijo que sus hijos escuchaban de mí los mismos consejos que ella y su esposo les daban, como si fueran una novedad. Y, a la vez, hoy puedo relacionarme con esta verdad desde el otro lado, porque muchas veces mis hijos mencionan algo que les dijo un maestro, un líder de adolescentes, o un entrenador, ¡y reaccionan como si fuera la primera vez que lo oyen, aunque yo ya se los hubiera dicho 100 veces!

La tentación que surge inmediatamente es la de decirles: «¡Te he estado diciendo lo mismo durante dieciséis años!». Pero destacar de dónde lo sacaron no es lo importante. Ahora lo escucharon de manera diferente, porque estaban atravesando una etapa diferente, y simplemente necesitaban una voz diferente para entenderlo. ¡No les reproches nada, y concéntrate en darle gracias a Dios porque lo entendieron!

## Ampliar el círculo le ayuda a tu hijo a transicionar de un enfoque personal (yo) a un enfoque colectivo (nosotros).

Cuando amplías el círculo, no solo reconoces la necesidad de que otras personas influencien a tu hijo, sino también de que tu hijo se vuelva parte de algo mucho más grande que solo tu familia. Un círculo más amplio le da no solamente un lugar de pertenencia, sino también un rol importante, ayudándolo a involucrarse en una historia más grande, tal como lo mencionamos en el capítulo anterior.

Seth Godin hace la siguiente observación: «Los seres humanos no podemos evitarlo; necesitamos pertenecer. Uno de nuestros mecanismos de supervivencia más poderosos es formar parte de una tribu, contribuir a (y recibir de) un grupo de gente con quienes tenemos cosas en común».[4]

No te pierdas este punto. La comunidad correcta no solo es importante por lo que les ofrece a tus hijos, sino también por lo que *requiere* de tus hijos. Los hijos necesitan más que una familia que les brinde amor y aceptación incondicional. Necesitan una tribu que les dé un sentido de pertenencia e importancia. El concepto de iglesia en el Nuevo Testamento nunca significó únicamente un lugar al que tus hijos asistieran. La definición de iglesia debería ser la de una comunidad vibrante que involucre a tus hijos para demostrar el amor de Dios a un mundo quebrantado. Cuando los padres y los líderes están en sincronía en cuanto a este aspecto de ofrecer un círculo más amplio, existe el potencial de movilizar la fe de los niños y adolescentes desde algo estático hacia algo dinámico.

En el libro *Inside Out Families (Familias al revés)* Diana Garland reporta los resultados de estudios realizados sobre lo que más impacta la vida espiritual de un adolescente. Luego de extensas investigaciones y encuestas, ella llega a la conclusión de que «el servicio comunitario estaba mucho más íntimamente ligado al desarrollo de la fe adolescente, que el asistir a un culto de adoración. En el desarrollo de la fe adolescente, servir parece ser más poderoso que la escuela dominical, el estudio bíblico, o el participar de la adoración».[5]

Ella continúa documentando que, cuando los adolescentes sirven a la par de los adultos, esa experiencia ensancha su fe y redefine su comprensión de la iglesia.

4. Seth Godin, ***Tribus: necesitamos que*** Tú ***nos lideres*** (New York: Penguin Portfolio, 2008), 3.
5. Diana Garland, ***Inside Out Families: Living the Faith Together*** (Waco, TX: Baylor University Press, 2010).

Recientemente le realizamos esta pregunta sobre el desarrollo espiritual a un grupo de líderes experimentados: «Si tuvieras seis chicos o chicas, de unos 10 años de edad, durante cuatro años contigo, ¿cómo estimularías su desarrollo espiritual?» Cada uno de ellos nombró distintos proyectos de trabajo y esfuerzos misioneros. Algunos mencionaron la cantidad de tiempo que dedicarían para construir una relación. Algunos enumeraron autores cuyos libros les gustaría leer junto con los muchachos. Al finalizar la conversación, nos dimos cuenta de que ninguno había pensado en llevarlos a tomar una clase en un aula. Aunque todos estos líderes dirigen iglesias que ofrecen una cantidad de programas, ninguno sugirió poner a estos adolescentes en clases, ni tratar únicamente de que asistieran a la iglesia para las reuniones. ¡Instintivamente, estos líderes reconocieron que se necesitaba algo más relacional y experimental para desarrollar la formación espiritual de los adolescentes!

¿Qué pasaría si los ministerios estudiantiles facilitaran *ese* tipo de experiencias para los muchachos? ¿Qué tal si la iglesia se convierte en *eso* para los jóvenes?

De hecho, el enfoque que propusieron estos líderes se asemeja mucho a lo que Jesús hizo con sus doce discípulos hace más de dos mil años. Jesús no les enseñó a sus discípulos a «hacer el ministerio». Él practicó el ministerio con sus discípulos mientras les enseñaba.

## La asociación de la identidad

Sucede algo poderoso cuando te asocias con otras influencias que desean inculcarle un sentido de misión al corazón de tus hijos: Les ofreces una visión diferente de su lugar en el mundo, y les transmites un tipo de pasión especial que tu familia sola no puede darles. Esto no significa que como padre no puedas involucrarte en la misión con ellos. Siempre es bueno permitirles ver lo que Dios puede hacer a través de nuestra familia. Pero debemos también sacar provecho de otras influencias para mostrarles lo que Dios puede hacer a través de ellos personalmente.

Al pensar en estos principios (habla Lucas), no puedo dejar de pensar en algo que marcó la historia de mi familia desde mi niñez. Uno de los mejores amigos de mi papá, casado con una de las mejores amigas de mi mamá, le fue infiel a su esposa. Esto derivó en un gran escándalo, ya que se trataba de uno de los pastores emergentes más admirados de la Argentina en ese momento. Este pastor, y amigo de la familia, decidió irse con su amante bien lejos por un tiempo. Y su esposa, junto con mis padres, decidieron hacer algo que fue extraordinario y a la vez definitorio para el futuro de los dos hijos de ese matrimonio, y también para mí. Lo que ellos decidieron fue criarnos prácticamente juntos a mi primo mayor, a mi prima menor, y a mí. Yo soy hijo único, pero los dos hijos de este matrimonio roto se convirtieron en mis hermanos durante toda mi infancia y adolescencia. A la vez, mis padres se convirtieron en una extensión de los suyos, y, en el caso de mi primo, mi papá se convirtió en su principal referente masculino al ir definiendo su identidad de hombre durante la adolescencia. Hoy todavía los llamo «primos», porque así comenzamos a llamarnos para explicar nuestra cercanía. De la misma manera, a la mamá de ellos yo le digo «tía», y ellos llamaron a mis padres «tíos» desde entonces, aunque no tenemos relación de sangre.

En su momento, claro, no me di cuenta, porque tanto para mis «primos» como para mí, esto simplemente «ocurrió». Pero al pasar el tiempo fuimos descubriendo que fue intencional. Mi «tía» quería que sus hijos tuvieran una figura paterna positiva cerca, y mis padres querían que yo aprendiera a compartir mi infancia y adolescencia con estos hermanos que la sangre no me había dado. Esa decisión definió de manera poderosa nuestra identidad.

Un círculo más amplio produce beneficios increíbles que tienen más implicancias de las que podemos sospechar. Por ello, debemos ser intencionales en aprovechar todas las relaciones y buenos ejemplos que tengamos alrededor.

Tal vez puedas preguntarnos, ¿y qué si no los tengo? Una mamá soltera podría preguntar eso con mucha razón, por ejemplo. Aquí es donde la comunidad de fe se hace fundamental. La iglesia debería ser el lugar donde tenemos estas posibilidades fuera de los lazos familiares.

Heather Zempel, líder de actividades de crecimiento espiritual en la iglesia *National Community* de Washington DC, destaca la diferencia entre un agente de viajes y un guía de turismo. Un agente de viajes se sienta detrás de un escritorio, hace los arreglos y da órdenes. Un guía de turismo camina junto con el turista, contesta preguntas y provoca conversaciones a lo largo del camino. Si ampliamos el círculo de nuestros niños y adolescentes para incluir a más guías de turismo y menos agentes de viaje, la influencia de estos provocará efectos para toda la vida.[6]

# Próximos pasos

## Busca una iglesia que valore la comunidad.

Piensa en esto como padre. Si miras hacia atrás en tu propia historia, ¿no es verdad que hay unas pocas personas que influenciaron tu fe y tu carácter? Si como adulto pudieras volver al pasado y revisar tus relaciones, probablemente agregarías algunas personas a tu vida y quitarías otras. ¡La gente influye sobre nosotros! La

6. Heather Zempel, *Sacred Roads* (Nashville: Threads Media, 2010), 39.

mayoría de nosotros puede recordar a personas que aparecieron en el momento justo y que se convirtieron en una voz imprescindible para darnos dirección y guía.

¿Qué tal si pudieras encontrar un ministerio o iglesia en donde tu hijo o hija comience a desarrollar un sentido de comunidad? Una comunidad en la que se desarrollen relaciones auténticas, no solo entre pares, sino también de los niños, adolescentes, y jóvenes, con los líderes adultos. Un lugar en donde se construya confianza y se forman amistades saludables. ¡Tus hijos necesitan que alguien más que tú crea en ellos! Necesitan un lugar al cual pertenecer, además de su hogar. La meta, entonces, es que tú busques relaciones estratégicas para que otra voz adulta esté hablando a la vida de tus hijos, diciéndoles el tipo de cosas que tú, como padre, quisieras decirles.

Michael Ungar, un investigador sobre el trabajo social, presenta una metáfora poderosa en su libro: *«The We Generation: Raising Socially Responsible Kids»* («La generación 'nosotros': criando hijos socialmente responsables»). Él dice que cuando los padres no estamos disponibles, «nuestros hijos pueden llamar a la 'asistencia en carretera' para recibir un empujón si se les acaban las baterías emocionales». En estos tiempos, «otros adultos pueden ocupar el rol de espejos y mentores. Los espejos son las personas que reflejan a nuestros hijos su importancia. Los mentores les muestran cómo llegar a ser la mejor versión de sí mismos».[7]

Cada vez más iglesias están estableciendo ministerios que prioricen la idea de construir comunidad. Aunque tengan reuniones y otras actividades multitudinarias, tienen como meta vincular a adultos confiables y consistentes, con sus niños y adolescentes.

---

7. Michael Ungar, ***We Generation: Raising Socially Responsible Kids*** (Toronto: McLelland and Stuart, 2009), 77. (Aunque Ungar no necesariamente aborda este tema desde una perspectiva evangélica, ofrece principios fuertes sobre relaciones de mentoreo.)

Una de las maneras más efectivas de construir comunidad es mediante los grupos pequeños con líderes que puedan conocer a fondo a los chicos y a sus padres. Los grupos pequeños son justamente lo que su nombre indica: un conjunto de doce personas o menos, que se reúnen en grupo. Normalmente, un grupo pequeño no está dirigido por un predicador tradicional, sino por un líder cuya tarea primordial es la de construir *relaciones* con los chicos y chicas a quienes lidera.

Puede resultar muy beneficioso tener el mismo líder por varios años, mientras los adolescentes pasan por todo el sistema escolar hasta la etapa de la universidad. De una u otra manera, el objetivo es desarrollar un sistema en el cual tu hijo o hija cuente con líderes consistentes con quienes pueda construir relaciones confiables.

### TRABAJA CON OTROS LÍDERES A FIN DE ENCONTRAR OPORTUNIDADES PARA QUE TUS HIJOS PUEDAN SERVIR.

¿Sabías que hay algo más importante que hacer que tus hijos vayan a la iglesia los domingos por la mañana? Al ayudarles a encontrar oportunidades de servir a otros, los motivarás a que *sean* la iglesia, en lugar de solo *ir a* la iglesia.

Es demasiado fácil para nosotros encontrar una (falsa) seguridad en el hecho de que nuestros hijos deben estar creciendo espiritualmente porque asisten a las reuniones.

En la historia de nuestra congregación (habla Reggie), varios padres se preocuparon cuando quitamos a los adolescentes de las clases bíblicas de la mañana y los movimos a un grupo modelo los domingos por la tarde. Esos padres estaban programados, como la mayoría de los padres cristianos tradicionales en Estados Unidos, para creer que el desarrollo de la fe de sus hijos solo podría ocurrir durante las clases de escuela bíblica de los domingos por la mañana. Hoy, mirando en perspectiva, pienso que con razón tantos de nuestros estudiantes se graduaron de la escuela secundaria y abandonaron la iglesia. Nunca tuvieron la oportunidad de *ser* la iglesia mientras crecían en la iglesia.

Cuando los padres y los líderes trabajan juntos para motivar a sus hijos a servir en el ministerio, se forja en ellos una fe más fuerte. Ya te conté antes que mi amigo Kevin fue una influencia impresionante como líder del grupo pequeño de mi hijo. Kevin cuenta cómo su propio hijo, Brock, ha aprovechado las oportunidades de servir. Brock es un estudiante de escuela secundaria y dirige un grupo pequeño de niños de tercer grado los domingos por la mañana. ¿De cuánta influencia puede ser un estudiante de secundaria para niños de ocho años? ¡De mucha! Imagínate a un superhéroe, pero adolescente. Hace poco Kevin vio a esos niños de tercer grado llegar al juego de basquetbol de la escuela secundaria de Brock. ¡Eran sus más grandes admiradores, y no solo porque Brock encestó un triple, sino porque él estaba haciendo una diferencia en las vidas de estos niños! Entonces, si fueras el padre de Brock, ¿qué pensarías que es más importante? ¿Que Brock esté sentado cada semana en una clase de escuela bíblica, o que esté teniendo una experiencia en la que bendice a otros al mismo tiempo que va transformando su fe y su carácter?

NUESTROS HIJOS NUNCA CREERÁN VERDADERAMENTE QUE SON IMPORTANTES HASTA QUE LES DEMOS ALGO IMPORTANTE QUE HACER.

No subestimes jamás los efectos que puede tener en el corazón de tu hijo o hija el servir dentro de la iglesia, en la comunidad, o incluso a nivel internacional con viajes de misiones. Hasta conocemos algunos padres y líderes que se esfuerzan por *asegurarse* de que sus adolescentes se involucren en al menos una actividad misionera en el extranjero antes de graduarse del secundario. Estos padres y líderes entienden que la experiencia del ministerio personal puede afectar el sentido de propósito de una persona para siempre.

No basta con decirles a los niños que son importantes. La mayoría de nuestros hijos nunca creerán verdaderamente que son importantes hasta que les demos algo importante que hacer.

### Busca mentores en tu comunidad.

Tal vez no vivas cerca de una iglesia que tenga el tipo de enfoque o de ministerio que acabamos de describir. Si ese fuera el caso, ¿a quién conoces dentro de tu red de relaciones que pudiera formar parte de un círculo más amplio para tu familia? Quizás cuentes con un amigo, vecino, abuelo, hermano, o colega que pudiera ser una voz moralmente y espiritualmente positiva en la vida de tu hijo o hija. Si es así, ¿por qué no conversar con esa persona acerca de la posibilidad de comenzar una relación de mentoreo con tu hijo?

Como padres, necesitamos hacer lo que sea necesario para ser más intencionales en cuanto a ampliar el círculo para nuestros hijos. Si queremos ser padres más allá de nuestras habilidades, tenemos que recurrir a las habilidades de la comunidad de fe que nos rodea. ¿Recuerdas lo que dijimos sobre el color naranja? Ese color debe ayudarte a tener presente que tu trabajo como padre no es suficiente. Necesitas aprovechar la influencia de otros. Este es un principio fundamental que todo papá y toda mamá necesita aprender. Aunque no parezca tan relevante cuando los niños son pequeños, es en verdad más importante de lo que parece. Asimilar el principio de «comunidad» desde una edad temprana puede prevenir un montón de conflictos innecesarios en el futuro.

Recuerda que el objetivo de ampliar el círculo es contar con adultos confiables en la vida de tus hijos *antes* de que los necesiten, para que estén disponibles *cuando* los necesiten. Moisés le transmitió estos valores a la comunidad entera porque sabía que harían falta múltiples influencias para proteger la fe y la identidad de toda una generación.

# #1 Amplía el CÍRCULO

## Preguntas de discusión

### Continúa la conversación

**Pregunta clave:** ¿Cómo estoy conectando a mi hijo con un círculo mayor de influencia?

1. Cuando eras joven, ¿hubo algún adulto en tu vida (además de tus padres) que te diera buenos consejos e invirtiera en ti de manera positiva? ¿Qué impacto tuvo esta relación en tu vida?

2. Tal vez no contaste con otros adultos que invirtieran en ti mientras ibas creciendo. ¿Cómo hubieran cambiado tus años de adolescencia si otro adulto hubiera invertido en ti? ¿Qué conocimientos o valores desearías que alguien te hubiera inculcado durante tu adolescencia?

3. ¿Cuántos adultos confiables están hablándole a la vida de tu niño o adolescente hoy? ¿Qué temores y qué esperanzas tienes con respecto a que otros líderes se involucren en la vida de tu niño o adolescente?

4. ¿Por qué a menudo te sientes tan solo en cuanto a la crianza de tus hijos? ¿Qué próximos pasos podrías dar, o qué lugares podrías considerar, para ampliar el círculo para tu familia? ¿Cómo podrían tú y tus hijos comenzar a experimentar el concepto de «comunidad» más profundamente?

5. ¿En qué maneras puede el tipo correcto de comunidad crear un medioambiente saludable para que tú crezcas como individuo? Y específicamente, ¿en qué maneras consideras que la comunidad podría beneficiar a tus hijos?

*Si asistes a una iglesia, comienza a hablar con tus hijos sobre lo que pasa en sus grupos pequeños. ¿Quiénes son sus amigos? ¿Cómo se llama su líder de grupo pequeño? Asegúrate de presentarte con el líder de tu hijo o hija. Piensa junto a tu hijo algunas ideas para que él pueda conocer mejor a su líder, como salir a tomar un helado o invitar a su líder a una comida familiar.*

**Lee Deuteronomio 5.1**
*«Moisés convocó a todo Israel y dijo:*
*Escuchen, israelitas, los preceptos y las normas que yo les comunico hoy. Apréndanselos y procuren ponerlos en práctica.»*

**Lee Deuteronomio 6.4**
*«Escucha, Israel: El Señor nuestro Dios es el único Señor.»*

**Lee Deuteronomio 6.5-7a**
*«Ama al* S*EÑOR* tu Dios con todo tu corazón y con toda tu alma y con todas tus fuerzas. Grábate en el corazón estas palabras que hoy te mando. *Incúlcaselas continuamente a tus hijos...»*

Recuerda cuando Moisés dio este discurso, e imagínate estar reunido con los israelitas para escucharlo. Imagínate escuchar esas palabras como padre. ¿Las recibirías como una buena noticia, o te sentirías agobiado? ¿Por qué?

Reflexión: Imagínate ahora oír este mensaje de Moisés como alguien que no tiene hijos. Si fueras un mentor o una voz importante en la vida del niño o adolescente de alguien más, ¿qué podrías hacer para establecer una relación más fuerte con ese niño o adolescente? ¿Cómo podrías ayudarle a profundizar y a ensanchar su fe? ¿Cómo podrías desarrollar una amistad confiable con sus padres?

CAPÍTULO 4

# Valor Familiar #2

# Imagina el Final

Enfoca tus prioridades en lo que más importa.

Yo (Reggie) recuerdo haber visto hace unos años un documental titulado: «*Los niños más ricos del mundo*». Mi hijo, que por ese entonces iba a segundo grado, se entusiasmó cuando el reportero describió una fiesta de cumpleaños ostentosa organizada por un acaudalado jeque para su hijo. El jeque había hecho volar a toda su familia hasta Londres para una celebración especial donde serían entretenidos de forma privada por los actores de *Las tortugas Ninjas*. El costo de la fiesta había sido de más de un millón de dólares.

Esto me puso a pensar sobre los estilos de vida extravagantes de los hijos de los billonarios, y practiqué un ejercicio mental imaginándome qué haría yo si tuviera todo ese dinero. Un golpe de realidad me trajo otra vez a mi mundo, y me di cuenta de que yo nunca sería capaz de darles a mis hijos ese tipo de riquezas. Me avergüenza admitir que, por unos momentos, sentí incluso un poco de resentimiento, y envidié a esos padres que podían ofrecerles a sus hijos más que yo. Después me percaté de algo: *La mayoría de los padres no pueden dejarles a sus hijos una herencia ostentosa, pero todos los padres pueden dejarles un legado personal.*

Con los excesos que hoy nos rodean, muchas familias se desvían de lo que realmente importa. ¿No es increíble cómo las «cosas» pueden distraernos de lo verdaderamente valioso? Nos preocupamos tanto por dejarles una herencia a nuestros hijos, que olvidamos la importancia de dejarles un legado. En ocasiones debo esforzarme por recordar que lo que les doy *a* mis hijos, o lo que hago *por* ellos, no es tan importante como lo que dejo *en* ellos.

Con demasiada frecuencia los padres creemos que el objetivo final es hacer felices a nuestros hijos. Cualquiera de nosotros podría confesarlo: Hay momentos en los que compraríamos cualquier cosa, haríamos cualquier cosa, e iríamos a cualquier lugar con tal de que nuestros hijos estuvieran felices. Pero, ¿es eso lo correcto?

**HAY UN MOMENTO EN QUE HACER TODO, ABSOLUTAMENTE TODO, PARA QUE SEAN FELICES SE VUELVE NOCIVO.**

Es cierto, a los padres no nos gusta cuando nuestros hijos están tristes o de mal humor. Las cosas son más fáciles cuando todo el mundo está feliz. Y tú estás feliz cuando ellos están felices, así que miras programas de TV que no puedes entender, comes McNuggets, compras tortugas como mascotas, e incluso hipotecas tu casa si la felicidad de tus hijos está en juego. No quieres malcriarlos; solo quieres que sean felices...

Encima de todo, muchísimas estrategias de mercadeo se construyen alrededor de la idea de que los padres quieren que sus hijos sean felices. Los publicistas saben que los llevaremos a cualquier actividad con tal de asegurarnos de que sean socialmente expertos, ricos en experiencias, y académicamente plenos. Reclutaremos entrenadores, tutores, instructores y mentores con tal de que puedan bailar mejor, cantar más claro, saltar más lejos, lanzar más rápido, meter más goles, y sacar mejores calificaciones que los otros niños.

Todo esto es normal y positivo hasta que los padres cruzan una línea. Es difícil notar dónde está la línea, porque no siempre resulta obvio en el momento, pero sí hay un momento en que hacer todo, absolutamente todo, para que sean felices se vuelve nocivo.

Cada vez que definimos la felicidad de un niño como nuestra meta principal, nos conformamos con algo mucho menos importante que lo que Dios ha planeado para ellos. Algo mucho menos importante que aquello para lo cual Dios los ha diseñado.

Moisés ofreció una visión de una vida bien vivida con una frase que establece un marco de referencia para todo:

*«El SEÑOR nuestro Dios es el único SEÑOR.»*
**Deuteronomio 6.4**

Moisés comienza el pasaje recordándole a Israel la centralidad de la fe. Él dice: «Escucha Israel: (queriendo decir: 'Escucha y no te olvides de esto:') el Señor nuestro Dios es el único Señor». Lo que Moisés les estaba diciendo era: *Todo lo que les he dicho y todo lo que les voy a decir gira en torno a una verdad esencial que supera todo: nuestro Dios es Dios.* Todo tiene que ver con Él. Todo tiene que ver con Dios. Y si no comenzamos con Dios, podemos terminar en el lugar equivocado.

Moisés estaba enfatizando el punto de que *realmente no interesa lo que nuestros hijos sepan, si no saben lo que realmente interesa.* Sería sumamente doloroso que nuestros hijos disfrutaran de los beneficios y de la prosperidad de un mejor estilo de vida, vivieran en una tierra donde fluye leche y miel, y fueran ricos en experiencias, pero nunca conocieran realmente a Dios.

Este pasaje de Deuteronomio 6 se recita frecuentemente en el judaísmo. Se lo conoce como *«Shemá»* (porque el pasaje en hebreo comienza con *«Shemá Israel»*, lo que significa *«Escucha Israel»*), y es un credo básico para la fe judía. Los hebreos más fieles, desde la época de Moisés, han recitado la *Shemá* dos veces al día: al despertarse y al irse a dormir. La *Shemá* «es la contraseña con la que un judío reconoce a otro judío en cualquier parte del mundo».[1] Ellos cuelgan este pasaje en sus puertas como recordatorio del rol de Dios en sus vidas diarias. Las palabras de Deuteronomio 6 siempre están presentes, listas para realinear el sistema de valores de la familia frente a las distracciones de este mundo. Esta práctica no está diseñada para sumarle presión al rol de los padres, sino para ayudarles a mantener su perspectiva. *Cuando recuerdas a menudo que Dios es Dios, te estresas menos y confías más.* Independientemente de lo que suceda en un momento impredecible, el carácter de Dios te proporciona un contexto predecible para tu historia.

El poder de la *Shemá* es que establece a Dios como el protagonista principal de la historia que conecta a cada generación, a cada familia y a cada individuo con la bondad de Dios. Cuando podemos rastrear su amor infinito a lo largo del tiempo y del espacio, a través de incontables genealogías, entonces tenemos una razón para hacer una pausa en medio de nuestro caos y recibir claridad.

Las personas pasan de confiar en Dios a confiar en las cosas de manera gradual y casi imperceptible. Pero cuando esto sucede, todo queda en la cuerda floja. Fue precisamente por esta razón que Dios se encontró con Moisés en la montaña, le dio el primer mandamiento, y le advirtió sobre los peligros de la idolatría. En la batalla por el corazón, lo temporal puede de alguna manera desplazar lo eterno. Moisés simplemente les está diciendo: *Manténganse enfocados. No olviden quién es su Dios.*

## Un cambio gradual

Cuando Moisés animó a la nación hebrea a que recordasen que: «El Señor nuestro Dios es el único Señor», les estaba advirtiendo sobre el riesgo de perder su enfoque y cambiar sus prioridades. Dicho de forma práctica, cuando las familias de

---

1. Isadore Singer y Cyrus Adler, eds., The Jewish Encyclopedia (New York: Funk & Wagnalls, 1906), 267.

manera intencional y consistente atesoran el valor de que Dios es Dios, pueden educar a sus hijos desde una perspectiva más sólida. Mientras más recordamos que todo se trata de Dios, más fácilmente podemos enfocar nuestras prioridades en lo que más importa.

Además, tener una visión clara del carácter de Dios nos conduce a aceptar nuestra pequeñez y a reconocer Su grandeza. Como padres, somos muy rápidos para tomar la regla que nos ofrece la cultura y medir el éxito de nuestros hijos según un estándar superficial. Con el paso del tiempo, tendemos a creer que lo más importante para ellos es encontrar la vocación correcta y asistir a la universidad correcta. Queremos que nuestros hijos se casen con las esposas correctas, vivan en los vecindarios correctos, y tengan los amigos correctos. Gastamos también una energía enorme en inculcarles los valores correctos. Todas estas cosas pueden ser importantes... pero no son lo *más* importante. Imaginar el final tiene que ver con enfocar nuestras prioridades en lo que más importa.

## UN RECORDATORIO PALPABLE

Cada familia tiene la oportunidad de crear una atmósfera cimentada sobre el recordatorio de que «el Señor nuestro Dios es el único Señor». Esto es muy importante, ya que las verdades espirituales (por su propia naturaleza) no se pueden ver, ni tocar, ni sentir. Por lo tanto, cualquier cosa que se pueda ver, tocar, o sentir, llama más la atención. Debemos hacer un esfuerzo consiente por recordar que hay una historia más grande, y que Dios es el centro de esa historia.

Cuando yo (Reggie) era adolescente, alguien me desafió a encontrar un objeto dentro de mi rutina diaria que me sirviera como un recordatorio de que Dios me amaba. Por alguna razón, elegí un reloj antiguo que nos había dado una tía que crio a mi mamá. Estaba en un pasillo, justo a la vuelta de mi habitación, y daba campanadas cada media hora. Durante varios años, ese fue para mí un recordatorio recurrente de la presencia y de la fidelidad de Dios.

Lo escuchaba cuando:

- me levantaba por la mañana
- tenía una discusión con mis padres
- estaba estresado por la escuela
- miraba televisión
- llegaba a casa después de una cita
- no podía dormir de noche

Día tras día esas campanadas seguían sonando y recordándome acerca de algo más grande. Cada vez que los detalles inmediatos de la vida intentaban distraerme, el viejo reloj me daba una señal. Me daba un empujoncito hacia los pensamientos correctos, y encaminaba mi mente en dirección a lo eterno. Si me quedaba demasiado absorto en mis propios problemas, si comenzaba a sentirme una víctima, o si me veía tentado a pensar que todo el mundo giraba en torno a mí, en ese momento estratégico sonaba una campanada.

*Cuando Moisés se paró aquel día frente al pueblo, estaba tocando la campana.* Nos estaba mostrando lo importante que es recalibrar el corazón y darle algo en lo que enfocarse. Como buen líder, Moisés estaba modelando para cada padre la constante necesidad de guiar a aquellos a quienes aman, a regresar a lo principal y a lo más valioso. Moisés sabía que mantener el enfoque de las familias hebreas en Dios afirmaría su identidad y forjaría su destino.

## HEMOS APRENDIDO QUE ALGUNAS COSAS ESTÁN MÁS ALLÁ DE NUESTRA CAPACIDAD.

Como padre de hijos ya casi adultos, yo (Reggie) he atravesado por varias de las etapas de la paternidad. Recuerdo un día en que entré a mi oficina y me dirigí hacia la pila de libros que había coleccionado a lo largo de los años sobre asuntos familiares. Una de mis hijas estaba viviendo una situación extremadamente difícil, y yo estaba frustrado y en pánico. Mientras tomaba algunos libros de la biblioteca, me encontré diciendo en voz alta: «¡El problema con el que estoy lidiando hoy no está en ninguno de estos libros!».

Ese día me sentí abrumado por ese tipo de temor e incertidumbre que tantas veces paraliza a los padres. La única forma en la que pude lograr algo de claridad fue al darme cuenta de que mi único consuelo, mi única esperanza, y mi única fuente para buscar dirección era Dios. Algunas veces no existen soluciones simples, ni acciones claras, ni arreglos inmediatos... ¡lo único que hay es Dios!

En este trayecto he aprendido a apoyarme en un principio que llamo «imagina el final». Por lo general, la niebla comienza a disiparse cuando avanzo mentalmente hasta el capítulo final de la vida de mis hijos y me hago esta pregunta: «¿En qué quiero realmente que se conviertan?». Yo sé que en el centro de esa respuesta se encuentra mi concepción de quién es Dios. Me imagino el final, y entonces recuerdo que Dios está escribiendo Su historia en las vidas de mis hijos.

Debo confesar que muchas veces lo más difícil ha sido tener que admitir mi capacidad limitada, y confiar en que Dios obraría y haría lo que solo Él puede hacer. (¿Ya mencioné que tengo una tendencia a querer controlarlo todo?) Hay ocasiones en las que necesito simplemente recordar que mi familia es parte de una historia más grande, y que Dios desea demostrar Su poder de redención a través de nosotros. Y aquel día en mi oficina, al pensar en mis hijos, sentí que Dios me estaba diciendo:

*No estoy tratando de hacerlos felices;*
*Quiero que vivan de verdad.*

*En el medio de su dolor, yo puedo ser mejor que cualquiera de sus amigos, e incluso mejor que tú. Soy el único que verdaderamente puede amarlos incondicionalmente, perdonarlos para siempre, y ser un Padre perfecto.*

*Entonces, tal vez tú solo necesites confiar lo suficiente en mí como para que ellos puedan mirarme a mí.*

*Además, con todos los defectos que tienes, creo que probablemente sea mejor que ellos confíen en mí, que en ti.*

*¿Y no es acaso más importante para ellos que me amen a mí, incluso más de lo que te aman a ti?*

*Yo puedo sanar sus corazones; tú no.*
*Yo les puedo dar vida eterna; tú no.*
*Yo soy Dios; tú no.*

## No puedes competir contra Dios

Por extraño que suene, a veces cometemos el error de querer estar a la altura de Dios. Esto sucede cuando intentamos convertirnos nosotros en los héroes, en lugar de señalarlo a Él. Hay una gran diferencia entre influenciar, o liderar, las vidas de nuestros hijos, y tratar de ser todo para ellos.

Los padres sabios luchan por asegurarse de no pretender sustituir a Dios. Yo (Lucas) aún estoy aprendiendo que, con respecto a mis hijos, lo importante es enfocarme en quiénes quiero que ellos sean desde la visión de Dios y cuando me imagino el final, eso me permite distinguir con mayor claridad entre lo que importa y lo que más importa. Y aunque deseo que mi relación con mis hijos sea todo lo que debe ser, es mucho más importante que ellos estén desarrollando una relación real y amorosa con mi Dios.

INCLUSO LOS PADRES QUE TIENEN UNA LUCHA INTERNA EN CUANTO A LO QUE CREEN ACERCA DE DIOS, TIENEN LA SENSACIÓN DE QUE DEBERÍAN GUIAR A SUS HIJOS HACIA LAS COSAS ESPIRITUALES.

La mayoría de los padres intuitivamente perciben esta responsabilidad. Incluso los padres que tienen una lucha interna en cuanto a lo que creen acerca de Dios, tienen la sensación de que deberían guiar a sus hijos hacia las cosas espirituales. Si hubiera, aunque sea una posibilidad remota de que Dios existiera, piensan, entonces sería lógico que la prioridad principal de nuestras vidas fuera buscar una relación con Él. Y si realmente Dios creó a nuestros hijos y desea relacionarse con ellos, nuestro llamado mayor debería ser a conducirlos en dirección a Él.

Dato interesante: según una investigación realizada por el Grupo Barna, el 85% de los padres creen que son los principales responsables del desarrollo espiritual de sus hijos.[2]

Ahora bien, si lees todo lo que los libros sobre paternidad cristiana te dicen, puede que te sientas bastante abrumado. Encontrarás que la mayoría de ellos sugieren que eres básicamente responsable por dos cosas en las vidas de tus hijos:

1. Debes ser la mejor imagen de Dios que ellos puedan ver tangiblemente.

---

2. Grupo Barna: «Los padres aceptan la responsabilidad por el desarrollo espiritual de sus hijos, pero luchan con su eficacia», The Barna Update, 6 de Mayo 2003.

2. Debes guiarlos a ser tan parecidos a Dios como puedan ser.

¿Soy yo, o pareciera ser demasiada presión? La idea (habla Reggie) de que la imagen y percepción de Dios que tengan mis hijos estará determinada por mi conducta como padre, crea en mi mente serias dudas acerca de mi habilidad para realizar esta tarea. Súmale a esto la presión de que mis hijos sean buenas personas, y definitivamente ya entro en pánico.

Recuerdo el día en que traté de tener una conversación sobre esto con mi hija menor, Rebekah, cuando ella estaba en quinto grado. Creo que en el fondo yo estaba intentando encontrar una excusa para sentirme mejor acerca de mi rol. Recuerdo que le dije: «¿Sabes qué? Algunas veces me pongo nervioso porque se supone que yo tengo que ser para ti el ejemplo más parecido a Dios, tu Padre Celestial». El ambiente dentro del auto se tornó silencioso, y un momento más tarde ella me dijo: «Papi, no tienes que preocuparte por eso. No creo que nunca me vaya a confundir entre ustedes dos. Definitivamente, tú no eres Dios».

El problema es el siguiente: Muchos padres no están seguros de qué hacer, ni de por dónde comenzar cuando se trata de desarrollar la fe y el carácter en los corazones de sus hijos. La mayoría de aquellos que hemos crecido dentro de una iglesia hemos escuchado que los padres deben guiar espiritualmente a sus hijos. Pero, si somos sinceros, no siempre nos sentimos espirituales, y tampoco estamos seguros de saber cómo guiarlos.

Piensa por un momento en el término líder espiritual. Reflexiona sobre lo que realmente significa esa frase. A menudo utilizamos frases que nos han transmitido, sin detenernos a preguntar lo que significan exactamente. Ahora bien, si tuviéramos que escribir una definición clara de liderazgo espiritual, ¿cuál sería? Como padres, a menudo nos sentimos intimidados por este tipo de frases. Como consecuencia, no estamos seguros de que sea algo que podemos llevar a cabo. ¡Tal vez ya sea hora de redefinir el liderazgo espiritual en términos prácticos y posibles!

Hace varios años (habla Reggie), algunos líderes de un ministerio nacional me invitaron a una reunión para proponer ideas con respecto a asociarnos ministerialmente con los padres. Al comenzar la reunión, el facilitador caminó hacia la pizarra y escribió 2 Timoteo 3.17, «...a fin de que el siervo de Dios esté enteramente capacitado para toda buena obra». Después tomó su marcador y escribió en letras grandes las palabras «HOMBRE DE DIOS ENTERAMENTE CAPACITADO». Luego dijo que, si lográbamos que cada hombre de nuestro país fuera un «hombre de Dios enteramente capacitado», solucionaríamos la crisis familiar de los Estados Unidos.

Mientras este hombre que dirigía la reunión continuaba explicando que nuestro grupo debía pensar en ideas para ayudar a los hombres a ser los portadores de esa gran verdad, comencé a sentirme incómodo. Las letras de la pizarra parecían avasallantes. Sentí como que me estaban mirando fijamente. Mientras tanto, él parecía repetirlas una y otra vez. Recuerdo que en un punto hasta pensé: *«No creo poder recordar que mi esposa alguna vez haya usado las palabras 'enteramente capacitado' y 'hombre de Dios' junto con mi nombre en alguna oración... Y tengo hijos que van a la escuela secundaria. Para cuando llegue a convertirme en un 'hombre de Dios enteramente capacitado' estarán casados y ya tendrán sus propios hijos. En realidad, no estoy seguro de llegar alguna vez a ser eso. ¡Ni siquiera estoy seguro de lo que significa!».*

¿Te ha pasado alguna vez esto de escuchar a expertos hablando sobre lo que deberías ser como padre y pensar: «¡No puedo hacerlo!»?

A veces nos sentimos agobiados porque miramos demasiado lejos, cuando en realidad deberíamos enfocarnos en el próximo paso.

ÉL SIGUIENTE PASO ES VITAL PORQUE NO PODEMOS LLEGAR MÁS LEJOS SIN DARLO.

En mi caso (Lucas) cada vez me enamoro más de tener claro cuán importante es el próximo paso. Al escribir y proponer un paradigma de mentoreo que he dado en llamado Liderazgo Generacional a la iglesia de hoy, insisto con la necesidad que tenemos desde pequeños de ver el siguiente paso de madurez. El siguiente paso es vital porque no podemos llegar más lejos sin darlo.

No se trata, entonces, de que los padres tengamos que comprender todo lo que se pueda comprender acerca de Dios. No se trata de que tengamos que tener un doctorado en Teología. Ni siquiera significa que tengamos que ser tan «espirituales» como creemos que son los líderes de la iglesia. El liderazgo espiritual involucra una de las palancas que mencionamos en el capítulo anterior. Simplemente aprovechamos nuestra relación de padres para ayudar a nuestros hijos a que sigan moviéndose hacia una relación con Dios.

Mi padre y yo somos muy diferentes (habla Reggie). Él nació en medio de la Gran Depresión. Su padre sembraba algodón. Papá se unió a la Fuerza Aérea durante su adolescencia para escapar de algunas cosas.

- Él es reservado. Yo soy emocional.
- Él usa una PC. Yo uso una Mac.
- Él no habla mucho. Yo hablo demasiado.
- Él ahorra. Yo gasto.
- Él puede arreglar o construir cualquier cosa. Yo tengo una incapacidad mecánica.

- Él es un poco obstinado, terco y tiene una voluntad muy fuerte. Yo... bueno, somos diferentes en la mayoría de las cosas.

Recuerdo que hace unos años me senté a reflexionar sobre el modo en que mi padre movía la palanca espiritual para influenciar mi fe. Yo tenía tan solo un año de edad cuando él y mamá decidieron mudarse hacia Memphis, lejos de toda nuestra familia. Durante ese tiempo, un grupo de parejas cristianas se hicieron amigos de mis padres, y mamá y papá descubrieron la iglesia. Yo recuerdo que crecí en la escuela dominical, y que pasábamos todos los domingos por la noche con esas familias de la iglesia, mucho antes de que alguien nos explicara acerca de la importancia de estar en un «grupo». Ellos modelaban una fe autentica y relacional ante nuestra familia, y motivaban a mis padres en su caminar espiritual.

Cuando yo tenía 8 años, vi a mi padre ser ordenado como diácono en mi iglesia. La única otra vez en que lo vi llorar, fue cuando su padre murió. Fui bautizado ese mismo año, y papá comenzó a asistir a algunas clases en institutos bíblicos para aprender más. A medida que pasaban los años, papá me prestaba casetes de audio de sus profesores para que yo escuchara lo que decían sobre la existencia de Dios y acerca de varios otros temas sobre los cuales yo me hacía preguntas durante mi adolescencia.

Recuerdo vívidamente una temporada en mi vida en la que estaba luchando con algunos pensamientos y tentaciones privadas. Era una de esas ocasiones en las que realmente no conocía a nadie a quien confiarle mis preguntas. Cierta noche, mi padre «accidentalmente» dejó un casete titulado «El clamor de un cristiano infeliz» sobre el escritorio de mi habitación. ¡El mensaje contenía una verdad transformadora que me ayudó a comprender el concepto de la gracia de Dios, aun esa temprana edad!

Cuando decidí que quería comenzar un ministerio para adolescentes, mi papá vendió varias cosas que había en casa, incluyendo una mesa de billar, para comprar los equipos de audio que yo usaría para mis viajes. Apuesto a que estás pensando que mi padre era una especie de santo o algo así, pero lo gracioso es que yo nunca pensé en él de esa manera. Nunca tuvimos largas conversaciones íntimas sobre su relación con Dios. Nunca hicimos un estudio bíblico juntos, ni ningún ritual extraño. No creo siquiera que mi padre se definiera a sí mismo como un «hombre de Dios enteramente capacitado». Él luchaba como la mayoría de los padres. Pero, a su propio modo, papá descubrió cómo mover la palanca de su influencia para dirigirme hacia una relación más profunda con Dios.

Y aunque existen muchos hombres que a lo largo de los años han producido algún tipo impacto en mi fe, su influencia fue diferente. ¿Por qué? Porque era mi papá. Él tenía la impresión de que Dios era importante para nuestra familia, y que todos necesitábamos ir detrás de algo espiritual y eterno. Yo creo que mis padres practicaban el principio de «imaginarse el final» sin siquiera darse cuenta. Dios era una prioridad en nuestro hogar. Además, ampliaron el círculo de influencias en mi vida cuando construyeron amistades saludables con otros padres y líderes de la comunidad de fe. Muchos de esos adultos se han vuelto voces importantes para mí incluso luego de la adolescencia y juventud.

Tal vez te estés preguntando: «Pero... ¿qué es exactamente lo que debo hacer como padre? ¿Cómo puedo influenciar a mi hijo o hija para que tome su próximo paso en el área espiritual?» Bueno, no vamos a darte aquí una lista de pasos a seguir. Nuestra experiencia colectiva sugiere que cada caso es tan diferente y cada hijo es tan diferente, que el consejo que podemos darte es que uses las habilidades limitadas que posees para conectar a tu familia con la habilidad ilimitada de Dios.

En ScreamFree Parenting, Hal Runkel escribe:

Necesitas crear un espacio para que tu hijo desarrolle una relación con Dios en sus propios términos. ¿Significa esto que tú no haces nada? Claro que no. Tú creas activamente discusiones sobre la fe en el transcurso del crecimiento de tu hijo. Tú le trasmites la tradición de la fe que te ha sostenido hasta ahora y, sobre todo, vives de una manera que refleje los valores supremos de esa fe... La meta principal de la paternidad es lanzar a nuestros hijos hacia la madurez, donde serán gente responsable, decidida y autónoma.[3]

Comenzamos esta conversación hablando sobre el legado, la herencia de fe que cada padre puede trasmitirle a la siguiente generación y queremos dejarlo en claro; podemos no ser padres que hagamos los cumpleaños que le haría a sus hijos un billonario, pero no podemos darnos el dudoso lujo de ser padres que no dejemos a nuestros hijos una herencia de fe.

3. Hal Runkel, *ScreamFree Parenting* (Duluth, GA: ScreamFree Living, 2005), 70.

## Preguntas de discusión

### Continúa la conversación

**Pregunta clave:** ¿en quién quiero que se convierta mi hijo/a?

1. Avanza mentalmente hasta alguno de los grandes momentos en el futuro de tus hijos: su graduación de la universidad, su primer trabajo, su boda, o algo así. Imagínate esa escena en tu mente. ¿Quiénes están allí celebrando? ¿Cómo están tus hijos participando de este gran momento? ¿Qué han hecho para llegar allí? ¿Qué sucede con sus relaciones más cercanas? ¿Cómo es tu relación con ellos?

2. Ahora piensa en todo lo que hiciste el mes pasado. ¿A qué cosas dedicaste la mayor parte de tu tiempo como padre? ¿Con qué situaciones te encontraste lidiando de manera regular? Si estabas tratando con cosas urgentes (como intentar que tus hijos se vayan a dormir temprano, que coman más saludable, o que sean más disciplinados) esto puede significar que el desarrollo personal importante (como el crecimiento espiritual, la habilidad de tomar decisiones sabias y la moralidad) nunca estuvieron al tope de tu lista de prioridades. ¿Cómo puedes hacer para encontrar en tu hogar un equilibrio en este sentido?

3. ¿Por cuál de las siguientes cosas piensas que Dios está más preocupado?
   Lo que tus hijos hacen.
   Lo que tus hijos tienen.
   Las personas en quienes tus hijos se convierten.

4. ¿Cómo te ayuda, o cómo te frena, la sociedad a medida que intentas enfocarte en las cosas más importantes de la vida? ¿Cómo puede ayudarte Deuteronomio 6 a permanecer enfocado?

5. En este capítulo yo (Reggie) mencioné ese reloj de mi casa que me hacía enfocarme en Dios cada vez que escuchaba sus campanadas. ¿Por qué no poner esto en práctica en tu hogar? ¿Qué objeto tangible que tu familia ve todos los días pudiera servirles de recordatorio?

**Desafío**

Pídele a Dios que te ayude a crear en tu mente una imagen clara respecto de en quiénes quieres que se conviertan tus hijos a medida que avanzan hacia la madurez.

¿Cómo es su relación con Dios?
¿Cómo describirías su carácter?
¿Qué dicen acerca de ellos las personas más cercanas?

Pídele a Dios que te ayude a enfocarte más sobre en quiénes se están convirtiendo tus hijos, que sobre lo que estén haciendo en determinado momento. Observa cómo tus actitudes, perspectivas, y prioridades comienzan a cambiar al ejercer la paternidad con el final en mente.

CAPÍTULO 5

# VALOR FAMILIAR #3

# LUCHA por el CORAZÓN

COMUNÍCATE EN UNA FORMA QUE LE DÉ VALOR A LA RELACIÓN.

Cuando mi hijo Max (habla Lucas) tenía 6 años, lo llevamos a una escuelita de futbol. En seguida noté que se sentía perdido. Mi reacción inicial fue animarlo e incluso en algún sentido, debo confesarlo, exigirle que mantuviera el ritmo con los otros niños que eran parte de la actividad. Pero Max era más pequeño que los demás, y algunos de ellos ya estaban habituados a las clases. Luego también me di cuenta que uno de los niños era el hijo del entrenador, y otro su sobrino, así que no se sentían intimidados por la experiencia. Pero Max si.

El resultado de esas clases, y de mi actitud, fue que por algunos años Max no quiso saber nada con el futbol. Yo me sentí culpable por no haber leído correctamente la situación antes de hacerlo sentir forzado y herir su corazón. Varios años después, Max solito quiso volver a jugar al futbol y tomar unas clases, lo cual me ayudó a disipar mi remordimiento. Y es que Max había terminado tan frustrado con la primera experiencia, que llegué a pensar que lo había condicionado negativamente de por vida con respecto a ese deporte que los latinos encontramos tan fácil de jugar. ¿Te has puesto a pensar cuántas veces y de cuántas maneras maltratamos sin querer el corazón de nuestros hijos? Y lo hacemos, aun con buenas intenciones.

## SECRETOS PARA UNA BUENA PELEA

Los hijos no solo necesitan, sino que también anhelan notar que los padres queremos lo mejor para sus vidas. Necesitan poder reconocer una y otra vez que queremos empujarlos con gracia a una vida más significativa, y que para conseguirlo procuramos abrirles posibilidades de cara al futuro, pero debemos estar seguros de cómo leen nuestras intenciones y revisar si nuestras expectativas son realistas.

Todo esto demanda, muchas veces, pelear por sus corazones.

¿A qué nos referimos? Cuando peleas con alguien, quieres ganar. Cuando peleas por alguien, quieres que esa persona gane.

Cuando peleas con alguien, se construyen murallas. Cuando peleas por alguien, las murallas son derribadas.

Cuando peleas con alguien, la relación corre peligro. Cuando peleas por alguien, priorizas la relación.

CUANDO PELEAS CON ALGUIEN, LA RELACIÓN CORRE PELIGRO. CUANDO PELEAS POR ALGUIEN, PRIORIZAS LA RELACIÓN.

Volviendo al discurso de Moisés en Deuteronomio 6, notemos que él también aprendió algo relacionado a esta verdad mucho antes que nosotros. Moisés había pasado todo su liderazgo intentando que el pueblo de Israel obedeciera. Varios relatos del Antiguo Testamento cuentan sobre cómo luchó contra sus voluntades. Pero cuando llegamos a Deuteronomio 6, Moisés parece acercarse a las leyes de Dios con una perspectiva diferente, como un líder más maduro.

En este capítulo, Moisés desafía a toda la nación hebrea que había estado vagando por el desierto y se aproximaba ahora a Canaán. Él vuelve a relatar la historia de sus últimos cuarenta años, y luego les recuerda sobre su pacto con Dios. A continuación, establece lo que será el principio fundamental de la nación, al decirles: «Escucha, Israel: El Señor nuestro Dios es el único Señor». Hasta ese momento, no había nada demasiado novedoso en sus palabras. Había hecho una saludable revisión de la actividad de Dios a lo largo de los años, y de los mandamientos que Él les había dado. Pero luego, Moisés le dice al pueblo algo que llama la atención, algo que fue registrado aquí por primera vez en las escrituras, algo que Jesús mismo repetiría y ampliaría unos mil trescientos años más tarde. Dice:

> *«Ama al Señor tu Dios con todo tu corazón y con toda tu alma y con todas tus fuerzas.»*
> **Deuteronomio 6.5**

Cuarenta años antes, Moisés había descendido del Monte Sinaí con los mandamientos que Dios quería que le transmitiera a Su pueblo. Inmiscuida en medio de aquellos mandamientos había una referencia tan breve en comparación con el resto de la ley, que pasaba casi inadvertida.

En Éxodo 20, luego de que Dios explicara su mandamiento en contra de adorar a otros dioses e ídolos, abordó el punto neurálgico que separa a un sistema religioso de una fe relacional. En el versículo 6, Dios dice: «cuando me aman y cumplen mis mandamientos, les muestro mi amor por mil generaciones». La referencia parece casi insignificante en el medio de todo el texto, pero establece una conexión importante entre el amor y la obediencia.

Antes de este pasaje de Éxodo, sin embargo, encontramos en el Antiguo Testamento pocas referencias (si es que las hay) acerca de la expresión de amor de una persona hacia Dios, o sobre la relación que existe entre ese amor y los mandamientos. Hay pasajes acerca del amor de Dios por la gente, y referencias al amor de unos por otros, pero no sobre amor de una persona hacia Dios.

Hasta ese momento, la mayoría de los textos bíblicos sugerían que la gente debía adorar, respetar y temer a Dios. ¡Esa es la razón por la cual las palabras de Moisés en Deuteronomio 6 son tan importantes para la cultura hebrea!

Moisés había estado en el monte con Dios, había vivido la historia de Israel y poseía un marco de referencia como nadie más. Y aquí, en una frase, conecta los puntos para darles aun una mejor comprensión de la vista panorámica. Lo que él menciona en esta frase transformará las conversaciones que los judíos tendrán por miles de años. Aquí explica el «eslabón perdido» que a menudo surge cuando permitimos que nuestra fe se convierta en un sistema de reglas. La única cosa que diferencia a una fe viva de una ortodoxia ritual es una palabra, una idea, una fuerza cautivante: el amor.

Al hablarle al pueblo en este momento histórico, Moisés conecta claramente la idea de obedecer los mandamientos de Dios con el asunto del amor, y luego toma el concepto de amar a Dios y lo lleva a un nivel mucho más profundo. Él establece la piedra angular sobre la cual, más adelante, Jesús construirá un reino completo. Y, en los siguientes capítulos, Moisés se encarga de repetir este mandamiento más de una docena de veces:

*«Ama al Señor tu Dios con todo tu corazón y con toda tu alma y con todas tus fuerzas».* **Deuteronomio 6.5**

Moisés está luchando por algo más importante que un estilo de vida o unas prácticas religiosas. ¡Está luchando por los corazones de quienes vienen más adelante!

Aquí hay una lección que aprender: Si quieres transmitirle un legado a la próxima generación, debes hacerlo de forma *relacional.* Cada vez que transmites reglas, prácticas o verdades fuera del contexto de un amor cautivante y genuino, estás propagando una religión vacía. Estás promoviendo una ortodoxia que eventualmente morirá, se volverá abusiva, o hasta incitará la rebelión. Moisés estaba haciendo algo muy diferente. Estaba trazando un círculo alrededor de toda la fe de su pueblo, cuyo núcleo era amar a Dios.

## Una nueva regla

A medida que los israelitas se acercan a la Tierra Prometida, Moisés les recuerda una vez más esta verdad principal. No olvides el contexto del discurso de Moisés: el pasado de los israelitas se estaba encontrando con su futuro. Todo lo vivido hasta ahora los había conducido hacia este momento. Moisés no los estaba preparando simplemente para escuchar algo que él les quería decir ese día. Más bien, Dios los había estado preparando por décadas para lo que ese día Él quería sellar en sus corazones para siempre.

Si prestas atención, lo que Moisés hace en su presentación es realmente genial. Por un lado, menciona el período que resume su historia hasta este punto, y les recuerda acerca de su desobediencia y acerca de la fidelidad de Dios. Por el otro lado, menciona un nuevo capítulo en la historia y describe la realidad de Canaán. El contraste es increíble: *Hubo* un desierto, pero *ahora* existe Canaán. Hubo una incoherencia dentro de la fe nacional, pero ahora existe la demostración suprema de la fidelidad de Dios. En otras palabras, Moisés les estaba diciendo: *Dios está haciendo lo que prometió: están a punto de probar la miel y de caminar por las playas. ¡Ya está! ¡Dios hizo lo que ha estado diciendo que haría!* Y luego, parado allí frente al pueblo, Moisés conecta los capítulos pasados de su historia con el futuro, por medio de una frase fundamental: *«Ama al Señor tu Dios con todo tu corazón y con toda tu alma y con todas tus fuerzas»*.

¿Por qué ahora? ¿Por qué son esas palabras relevantes para su legado? Ellos están por descubrir las bendiciones de Canaán... ¿Qué tiene que ver eso con permanecer en la fe y amar a Dios? Además, ¿cómo puedes ordenarle a la gente que ame?

Moisés fue directo: *De ahora en adelante, todo debe ser diferente. Dado lo que han visto y lo que ahora conocen, deben dejar de pensar en Dios solamente como en alguien a quien hay que temer, y verlo como alguien a quien pueden amar. Lo que está por suceder debe sellar para siempre lo que creen acerca del carácter de Dios. Dios cumple sus promesas. Pueden confiarle su corazón, su alma y sus fuerzas. Les está entregando Canaán, no porque se lo merezcan, no por quiénes son, sino porque Él es Dios. No tiene razón alguna para hacer lo que está haciendo, más que dejarles una huella imborrable de Su naturaleza.*

*Su historia está por hacer una transición hacia un nuevo capítulo. De ahora en adelante, la historia será contada de manera diferente. Tendrá un alcance que nunca antes tuvo, una resolución que establecerá un marco de referencia totalmente diferente. De hoy en adelante, deben pasar de ser simplemente un pueblo que obedece reglas, a un pueblo que persigue una relación de amor con su Dios y Creador. Y recuerden que hay una generación que les sigue y que está observando su respuesta hacia Dios.*

Moisés está estableciendo un mandamiento nuevo que supera a todos los demás. Es una regla que implica que hay algo más importante que las reglas. Eleva el significado de una relación con Dios por sobre todo lo demás, y señala que nuestro motivo para obedecer debería madurar más allá del temor o la reverencia. De alguna manera, *Moisés le estaba advirtiendo al pueblo sobre el peligro de transmitir los mandamientos sin el contexto de una relación de amor con Dios.*

¡Esto es clave para los padres de hoy! La mayoría de los padres creen que es más importante enseñar las reglas, y además las razones para cumplir esas reglas que simplemente explicar el *por qué* existe la regla. ¿Cuál es la motivación?

A decir verdad (habla Reggie), honestamente no recuerdo ningún momento en que yo les haya dado una explicación tan maravillosa de las reglas que mis hijos hayan dicho: «¡Oh, ahora entendemos, padre! Nos lo has explicado tan bien, que haremos exactamente lo que nos pides.» El problema con las reglas y sus razones, es que puedes discutirlas. Pero no puedes discutir una relación de confianza.

MOISÉS LE ESTABA ADVIRTIENDO AL PUEBLO SOBRE EL PELIGRO DE TRANSMITIR LOS MANDAMIENTOS SIN EL CONTEXTO DE UNA RELACIÓN DE AMOR CON DIOS.

Así me pasó con Sophia (Habla Lucas) más de una vez al entrar a la pre adolescencia. Hubo un período donde sus ojitos se tiraban hacia atrás cuestionado a cada «no» como una tragedia y al notarlo quise bajarle el volumen a una rebeldía incipiente explicándole con extra cariño cuanto la amaba y que odiaba la idea de que pudiera lastimar la preciosa persona en la que se estaba convirtiendo. Esta explicación de intenciones serenó muchas conversaciones y la ayudó a subirle el volumen a su corazón dócil.

No queremos decir con esto que los padres no deban dar respuestas cada vez que los hijos preguntan «por qué», sino que las respuestas nunca serán tan importantes como una relación saludable. Una de las cosas más poderosas que un padre puede hacer por sus hijos es aprender a comunicarse de tal forma que le dé valor a la relación. Lamentablemente, la mayoría de los padres somos mejores para pelear y ganar la discusión, que para pelear y ganar el corazón.

Miles de años atrás, los padres enfrentaban las mismas situaciones familiares que enfrentamos hoy. Moisés les dijo a las familias hebreas que llegaría un día en que sus hijos cuestionarían sus reglas. En Deuteronomio 6.20 les dice: «En el futuro, cuando tu hijo te pregunte: '¿Qué significan los mandatos, preceptos y normas que el Señor nuestro Dios les mandó?'...»

Ahora, detente por un segundo. Como padre, ¿te suenan familiares esas palabras? ¿Has tenido alguna vez una conversación similar con tu hijo o hija? No estamos seguros de la edad del hijo al que se hace referencia en ese versículo, pero digamos que tenía unos trece años. Podemos imaginar al papá judío, sentado en su sesión semanal de terapia con Moisés, y diciéndole: «No sé qué pudo haber salido mal. Le permito trasladarse en camello. Le doy acceso al oasis que tenemos en el patio. Tiene su propia tienda de campaña privada. ¡Y ahora se está quejando de las reglas! No quiere participar de ninguno de nuestros días festivos, y hasta está cuestionando la Pascua. ¡¿Qué tengo que hacer?!»

Hubo muchas ocasiones en mi casa (habla Reggie) en las que alguno de mis hijos preguntó «¿por qué?» y yo reaccioné exageradamente. Solía sacar mi pizarra, dibujar una línea divisoria al medio, y comenzar mi sermón: «De este lado de la línea tenemos lo que va a suceder si haces lo que está mal, y del otro lado de la línea aparecen listados los beneficios de hacer lo que está bien. Tengo 30 años de experiencia como padre, y además tu madre y Dios están de acuerdo conmigo. Por otra parte, si haces lo incorrecto estarás un mes castigado. ¿Alguna pregunta?»

Sin embargo, Moisés le da al pueblo unos consejos interesantes con respecto a esa situación. Les recomienda que cada vez que sus hijos pregunten por el significado de las estipulaciones y de las leyes: «...le responderás: 'En Egipto nosotros éramos esclavos del faraón, pero el Señor nos sacó de allá con gran despliegue de fuerza. Ante nuestros propios ojos, el Señor realizó grandes señales y terribles prodigios en contra de Egipto, del faraón y de toda su familia. Y nos sacó de allá para conducirnos a la tierra que a nuestros antepasados había jurado que nos daría. El Señor nuestro Dios nos mandó temerle y obedecer estos preceptos, para que siempre nos vaya bien y sigamos con vida. Y así ha sido hasta hoy.'» (Deuteronomio 6.21-24)

La respuesta de Moisés no suena como la respuesta esperada para la pregunta de un niño o el cuestionamiento de un adolescente. Suena más como que está contando la historia de lo grande que ha sido Dios. Moisés no está enumerando razones prácticas, sino más bien está resaltando el hecho de que Dios es confiable. Él quiere que los hijos de los israelitas comprendan que son parte de una historia más grande en la que Dios está activamente involucrado, y que Él les ha probado lo mucho que los ama desde el comienzo de los tiempos.

Moisés quería que las futuras generaciones comprendieran que estaban vinculadas de manera personal con esa historia más grande. Que encajaban en un plan maestro, y que estaban conectados a través de una relación con su Creador. En lugar de motivar a los padres a asumir el rol de abogados, Moisés los impulsó a enfocarse en el carácter del Autor de la ley.

La principal manera en que puedes pelear por el corazón de tus hijos es construyendo una relación que sea digna de confianza. Este es un principio de paternidad esencial, y podemos verlo modelado en la relación de Dios con los hijos de Israel. La historia del pueblo hebreo es una historia que documenta las acciones de un Padre inmutable en Su amor por Sus hijos. El punto principal de cada relato es que *siempre se puede confiar en Dios.*

Él liberó de manera milagrosa a los israelitas de la esclavitud... Siguió amándolos aun cuando ignoraron sus instrucciones... Nunca dejó de guiarlos durante toda su travesía por el desierto... Nunca los rechazó a pesar de su comportamiento escéptico y rebelde...

El punto que hace eco a través del tiempo y las generaciones es que Dios siempre peleara por el corazón de la gente a quien ama. Es por esa razón que Moisés puede parase en la intersección entre varias generaciones y decirles: *Pueden darle a Dios su corazón y su alma. Deberían amarlo con todas sus fuerzas, porque pueden confiar en Él para siempre.*

La inmadurez del comportamiento de Israel, se convirtió en un contraste efectivo para destacar la fidelidad de Dios, como también las acciones impredecibles y rebeldes de los hijos proporcionan una oportunidad para que los padres puedan demostrar un mensaje de amor consistente.

¡Los padres necesitamos comprender la importancia de este principio mientras luchamos por el corazón de nuestros hijos!

Chap Clark nos ofrece algunas percepciones fuertes acerca de crear una estructura saludable para los adolescentes: «Los padres y madres necesitan ver su rol paternal como una maratón, reconociendo que el construir una relación mediante la cual los hijos pueden confiar en ellos es aun más importante que si ellos (los padres) pueden confiar en sus hijos sobre los asuntos cotidianos inmediatos».[1]

Yo (habla Reggie) desearía que alguien me hubiera dicho eso cuando me convertí en padre. Aunque pueda parecer intuitivo, se requiere de *intencionalidad* para ser consistentes. Es irónico que, algunas veces, mi reacción frente a lo que veo como un acto de parte de mis hijos que ha roto la confianza, puede a su vez afectar su confianza en mí.

Lo cierto es que su confianza en mí se ve afectada cuando:

...disciplino mientras estoy enojado.
...utilizo palabras que transmiten rechazo.
...ignoro sus voces.
...no trato de entender quiénes son realmente.

1. Chap Clark, *Hurt* (Grand Rapids, MI: Baker Academic, 2004), 110.

...rompo mis promesas principales.
...tomo las cosas demasiado personalmente.

Yo tengo cuatro hijos: un varón y tres mujeres. Una de las lecciones más claras que he aprendido acerca de la familia fue con mi hija Rebekah, cuando ella estaba en séptimo grado. Por ser la más pequeña, Rebekah ha aprendido algunas habilidades verbales increíbles para sobrevivir a sus hermanos mayores. Una tarde estábamos teniendo una conversación algo fuerte en su habitación. Era uno de esos momentos en que yo sonaba algo como: «Tú tienes trece años y vas a hacer lo que yo te digo. Y yo soy tu padre así que solo tienes que escucharme, y punto».

Allí fue cuando sucedió: ella me disparó verbalmente de una forma tal que me agarró totalmente desprevenido. Y me pegó tan duro, que hasta me escuché a mí mismo suspirar. ¡Nunca me hubiera imaginado que uno de mis hijos pudiera decirme lo que ella me dijo en ese momento! (Para ser justo con ella, debo reconocer que mi hija había estado tratando de decirme algo que le estaba sucediendo, pero yo no le había prestado atención. Fue un intento desesperado de su parte para que yo finalmente la escuchara).

El hecho es que me dejó en shock. No supe qué responderle. Fue tan personal que quedé extremadamente lastimado. Y entonces hice lo único que se me ocurrió en ese momento: me fui. Salí de la habitación, bajé las escaleras, caminé por el pasillo directamente hacia el garaje, me subí al auto y salí manejando. ¿Ya mencioné que yo estaba verdaderamente molesto y personalmente muy ofendido?

Mientras manejaba, me sentía traicionado. A los quince minutos de haber salido, sonó el teléfono: era Rebekah. Cuando atendí me dijo: «Papi, lo siento mucho. Tú sabes que realmente no quise decirte lo que te dije...». Y luego continuó: «Pero, ¿por qué te fuiste? ¿Por qué me dejaste? Necesito saber que tú crees que vale la pena pelear por nuestra relación». Fue uno de esos momentos en los que el padre se convierte en el hijo.

No puedo asegurar esto, porque no tengo información estadística para avalarlo, pero creo que Rebekah expresó lo que muchos adolescentes piensan en determinado momento. Ella me dejó claro que necesitaba saber que podría confiar en que yo nunca dejaría de luchar por nuestra relación.

He hablado con jovencitas en edad universitaria cuyos padres han dejado de luchar por una relación con ellas a causa de haber perdido la batalla referente a sus matrimonios. He hablado con hijos que tienen relaciones tensas con sus padres porque, a causa de conflictos en la escuela secundaria, ambos se distanciaron relacionalmente.

Lo que dice Reggie me llama poderosamente a la reflexión (Habla Lucas). Como padres, cometemos un error drástico si dejamos de luchar por la relación con nuestros hijos, sea por culpa, sea por la revancha de que hicieran algo que nosotros no queríamos que hiciéramos o simplemente porque es difícil... Y claro que lo es. Como todo lo que es realmente importante. Muchas veces me ocupo tanto de moldearlos como creo que deberían ser, que me olvido de la vitalidad de la consistencia y sobre todo de la persistencia en pelear hasta que queda clarísimo mi amor incondicional y brutal por ellos.

Toma un largo tiempo hasta que un padre se da cuenta del impacto negativo que produce en sus hijos cualquier grado de fisura en este aspecto de la relación, pero en nuestras entrevistas personales con cientos de adolescentes y estudiantes universitarios, hemos visto que las heridas más profundas muchas veces son aquellas vinculadas con el asunto de la confianza. ¡Qué tan confiables somos nosotros como padres es mucho más importante para su crecimiento que lo confiables que sean, o no, ellos como hijos!

**Los padres debemos pelear por el corazón de nuestros hijos, determinando un estilo de vida que les pruebe que somos confiables.**

Los padres debemos pelear por el corazón de nuestros hijos, determinando un estilo de vida que les pruebe que somos confiables. Esto no implica que siempre tomemos las mejores decisiones, ni que pongamos las mejores reglas, ni que demos las razones perfectas. Simplemente significa que *nunca* dejaremos de luchar por nuestras relaciones personales dentro del hogar.

Los padres y los líderes necesitan estar de acuerdo en que la familia y la iglesia no solo tienen que ver con reglas. Estos deben ser lugares donde se construyen relaciones; donde cada miembro de la familia puede experimentar una calidad de amor diferente.

Moisés conocía un secreto sobre la obediencia: comienza cuando realmente crees que puedes confiar en Dios. Él sabía que si la generación de líderes y padres a la cual le estaba hablando, elegía amar a Dios con todo su corazón y con toda su alma, esto se haría evidente en sus estilos personales de vida, y entonces se contagiaría a sus hijos. Quienes optaran por confiar en Dios, serían confiables para la próxima generación. ¡Ese es el tipo de relación de amor y confianza que alimenta la salud moral y emocional de nuestros hijos!

Y tal vez Moisés comprendía algo aun más importante. Algo que nunca deberíamos olvidar: que nuestra capacidad de amar a nuestros hijos y a nuestra familia está de algún modo vinculada

Nuestra capacidad de amar a nuestros hijos y a nuestra familia está de algún modo vinculada a nuestro amor por Dios.

a nuestro amor por Dios. Dicho de otra forma, *si quieres amar a tus hijos más allá de tu capacidad, aprende a amar a Dios con todo tu corazón, con toda tu alma, y con todas tus fuerzas.* El amor de Dios es mucho más poderoso y confiable que tu amor como padre. Por lo tanto, tu habilidad, fuerza, y deseo para amar a tus hijos de la forma correcta, comienzan con aprender a amar a Dios de la forma correcta.

## Preguntas de discusión

### Continúa la conversación

**Pregunta clave:** ¿Cómo estoy luchando por el corazón de mi hijo?

1. Piensa en el hogar donde creciste. ¿Cuál era el enfoque sobre las reglas y la disciplina en el hogar de tu niñez?

2. ¿Se establecían las reglas en el contexto de una relación amorosa? ¿Se sacrificaban las reglas, en ocasiones, en nombre de la relación? ¿O las relaciones se volvían secundarias con tal de hacer cumplir las reglas? ¿En qué manera piensas que eso ha impactado tu hogar hoy?

3. Recuerda la última vez que peleaste con tus hijos. Ahora recuerda la última vez que peleaste por ellos. ¿Cómo te sentiste después de cada una de estas dos experiencias? ¿Cuál es tu percepción interna en cuanto a pelear por tus hijos, en lugar de luchar con ellos?

4. Haz una lista de las personas que viven en tu casa. A un costado, escribe la razón más frecuente por la que luchas con esa persona. ¿Por qué razón crees que estas cosas tienden a ser temas candentes para ustedes dos?

5. ¿Cómo crees que puedes trabajar para descubrir la raíz del asunto? En otras palabras: ¿qué quiere realmente cada uno en esta situación? *(Nota: Lo que cada uno realmente quiere puede no ser tan obvio; podría no ser el asunto especifico por el que están luchando).*

6. Haz una lista de los lugares donde tuviste las mejores y más honestas conversaciones con tus hijos. ¿Fueron en su cama cuando los llevabas a dormir? ¿Fueron en el auto? ¿Fueron jugando en el patio? ¿O tal vez mientras hacían un proyecto juntos?

7. *En la película «El padre de la novia», hay una gran escena entre el personaje de Steve Martin (George Banks) y su hija, Annie. Las cosas no han resultado como él esperaba, y la conversación comienza a subir de tono. Pero a George se le ocurre una idea. Él comienza a hablar con*

*su hija acerca de la cancha de basquetbol, un lugar en donde han pasado muchas horas a lo largo de los años, construyendo su relación.*

Intenta recrear escenarios como este para tener conversaciones cotidianas, cuando ninguno de los dos esté molesto. Habla también sobre estas ideas con tu pareja y con otros padres, para que puedan motivarse unos a otros.

**Lee Deuteronomio 6.5:**
*«Ama al Señor tu Dios con todo tu corazón y con toda tu alma y con todas tus fuerzas».*

**Reflexiona:** ¿Por qué piensas que Dios establece el amor, en lugar de la obediencia, como una prioridad sobre todas las cosas? ¿Te resulta difícil este principio al relacionarte con Dios?

Dedica hoy un momento para orar por cada miembro de tu familia y tu relación con ellos.

CAPÍTULO 6

# Valor Familiar

# Establece un Ritmo

Aumenta la cantidad de tiempo de calidad que pasan juntos.

Si hasta ahora estabas actuando con una mentalidad de comparación, pensando que todas las otras familias son mejores que la tuya, esperamos haber dejado claro que este libro no se trata de las otras familias sino de los padres que tus hijos necesitan. Piensa en términos de una historia más grande que tu familia todavía tiene que contar, independientemente de su pasado. Y recuerda que, en el contexto de esa historia más grande, como padre no estás solo. No fuiste diseñado para hacer esto tú solo, y tus hijos necesitan otras influencias además de ti. Existe un círculo más grande al que puedes recurrir para influenciar a tus hijos más allá de tus habilidades limitadas. Dios diseñó a cada uno de nosotros para formar parte de una comunidad de fe más grande, de modo que podamos crecer en nuestra relación con Él. Cuando los padres y los líderes de esta comunidad trabajan juntos con un mismo fin en mente, y priorizan lo que realmente importa, pueden causar un mayor impacto en el corazón de un hijo. En lo tocante a tu relación con tus hijos, deberías siempre luchar por su corazón, y construir en tu hogar una atmosfera de confianza y amor incondicional.

Perfecto. Ahora hay algo más respecto de lo cual necesitamos hablarte, y que está relacionado con tu capacidad: el tiempo.

Pasa rápidamente.

Es limitado.

Y nunca tendremos más tiempo del que ya tenemos.

Por lo tanto, el asunto no es cómo podemos obtener más tiempo, sino cómo ser más intencionales en usar mejor el tiempo que tenemos. ¿De qué manera podemos administrar estratégicamente nuestro tiempo para ser padres más allá de nuestras habilidades?

Cada familia tiene un ritmo. No tienes que intentar tener uno. No tienes que planear uno. Todos tenemos un ritmo. Tú tienes uno. Y tu familia tiene uno. Todos, mientras transitamos de día en día, establecemos y adoptamos un ritmo que, a su vez, forma a nuestros hijos. El ritmo es simplemente la forma en la que administramos nuestro tiempo.

Si analizaras el ritmo en tu hogar, descubrirías rápidamente que mucho de lo que sucede en la vida familiar consiste en patrones repetidos día tras día, semana tras semana, mes tras mes. Aunque queramos resistir ese pensamiento, porque nos gusta pensar que somos seres libres, en realidad nos comportamos como criaturas de hábito. Si no crees en eso, elije cada día de la semana una ruta diferente de casa al trabajo, cámbiate de lugar en la mesa del comedor, o del lado de la cama en el que duermes, y luego cuéntanos cómo te sentiste.

Todas las familias tenemos rutinas, y por eso los adultos intentamos poner a los recién nacidos «dentro de la rutina familiar» lo más pronto posible. Es por eso que solemos cargar gasolina en la misma estación de servicio siempre, es por eso que tenemos un horario para ir al trabajo, y es por eso que los programas de televisión están siempre a la misma hora y en el mismo canal. Es por eso que las iglesias no cambian los días y horarios de sus reuniones al azar *(Hermanos, el culto dominical de esta semana será el próximo jueves a las 3 de la mañana...)*. Es por eso que las tiendas abren y cierran a un determinado horario, y esa es también la razón por la cual tenemos relojes con alarmas. Nuestras vidas están mayormente programadas alrededor de un ritmo. Lo familiar nos resulta eficiente.

El ritmo y la estructura determinan más de lo que nos imaginamos.

> **LAS COSAS QUE SE VUELVEN PARTE DEL RITMO DIARIO, SON LAS QUE NUESTRA FAMILIA VA A CONSIDERAR COMO LAS MÁS IMPORTANTES.**

Desde que mis hijos nacieron (Habla Lucas) Valeria insistió muchísimo en la importancia de una rutina y sinceramente, yo nunca había pensado en la importancia de esa palabrita: «rutina» y hasta confieso, me sonaba negativa. Sin embargo, luego me di cuenta a qué se refería. Quienes me conocen saben de mi fascinación con los libros y cuán importante es para mí leer todo tipo de libros y algo de lo que debo confesar con vergüenza es que por unos años injustamente le eché la culpa a Valeria de que al casarnos ya no pude leer tantos libros como leía antes al momento de irme a dormir. Claro, luego de casarme comparto en la cama con alguien a quien no le resulta agradable mi luz prendida y mis saltos cuando leo alguna idea que me llama la atención y quiero tomar nota de algo que se me ocurrió… hasta que me di cuenta que necesitaba un nuevo hábito de lectura y logré cambiar de rutina. Sí, a mí a quien no le parecía importante la idea de un ritmo o una rutina.

El ritmo moldea los valores familiares. Piensa en eso. El ritmo en tu casa determina de qué temas se habla y de qué temas no se habla. Fija lo que es aceptable y lo que no. Existe un flujo normal de conversación, y a medida que la familia transita su rutina, muchas de las conversaciones diarias se vuelven superficiales: ¿Te lavaste los dientes? ¿Terminaste tu tarea? ¿Qué hay para cenar? El diálogo post escolar frecuentemente se limita a: «¿Cómo te fue hoy en la escuela?» «Bien.» El ritmo nos puede alejar de, o acercar hacia, un diálogo significativo.

Así es como el ritmo establece valor. Las cosas que se vuelven parte del ritmo diario, son las que nuestra familia va a considerar como las más importantes. El ritmo, aunque silencioso, es esencial para comunicar valor.

Algunos aspectos de la vida pueden ser conceptualmente muy relevantes para nosotros como padres, pero si nunca los incluimos en nuestro ritmo familiar, nuestros hijos pensarán que tienen poco valor. Por ejemplo, el ejercicio físico puede ser un principio importante para un padre, al menos en la teoría. Pero si nadie juega a la pelota en el patio, o sale a caminar por el parque, o lanza un frisbee, o salta la cuerda, o se junta con amigos en alguna canchita de futbol, ¿cómo le darán valor nuestros hijos al ejercicio? Si no forma parte de su ritmo, no forma parte de su realidad.

## Vajilla de porcelana fina

Lo que ocurre cada día en tu hogar define lo que se vuelve normal para tu familia. Puede ser normal salir a acampar cada verano. Puede ser normal comer una variedad de veinte tipos de carnes y ensaladas frías en Navidad, y pizza todos los sábados. Lo normal puede incluir ir a la escuela, pasar una hora haciendo tareas por la tarde, ir al cine una vez al mes, o invitar amigos cada viernes por la noche. Los padres determinan lo que es normal y lo que no, de acuerdo al ritmo que establecen en sus hogares.

Entonces, aquí está la clave: ¿Qué tan normal es Dios en tu hogar? Sabemos que suena como una pregunta muy extraña. Culturalmente, *es* una pregunta muy extraña. Pero como veremos en breve, la intención de Dios nunca fue que este tema fuera extraño.

A los muy jóvenes puede que no les haya sucedido, pero si eres relativamente mayor tal vez te haya tocado recibir una vajilla de porcelana fina como regalo de bodas. Si este es tu caso, probablemente más de una vez te hayas preguntado, ¿por qué la seguimos guardando si nunca jamás la usamos?

Para tus hijos, la vajilla de porcelana no es normal, porque casi nunca la ven, ya que rara vez sale de su lugar de protección. Si alguna vez la sacas, los niños automáticamente se imaginan que alguien importante vendrá a comer. Todos se preocupan por si se llega a romper, y todos saben que tienen que portarse mejor que de costumbre.

En consecuencia, lo más probable es que esa vajilla de porcelana fina se haya perdido la mayor parte de la vida de tu familia. Se perdió casi todas sus conversaciones en la mesa durante la cena. Se perdió las risas y las peleas después de comer, y algunos momentos desopilantes que disfrutaron con amigos. Se perdió todas las bromas que se hacen, y los snacks que comen cuando miran películas juntos. Se perdió las discusiones, las lágrimas, y los abrazos de consuelo. Se perdió casi todo.

Si le preguntaras a tus hijos si quisieran esa vajilla de porcelana fina como herencia, probablemente te dirían que no. Simplemente no forma parte de la vida de nadie en tu hogar. Es probable que en el fondo a ti tampoco te interese mucho, pero la conservas porque fue un regalo de alguien querido, o porque tiene un valor «teórico». Pero al no participar en el día a día de tu familia, lo cierto es que no tiene un valor real para ninguno de ustedes.

Tal vez tú creciste con un Dios como ese. Con una fe como esa. Dios era considerado «importante», pero no participaba demasiado del ritmo diario en la vida de tu familia.

O tal vez creciste en un hogar en donde nunca se hablaba sobre la fe. Nunca iban a la iglesia los domingos, y Dios nunca los visitaba durante la semana. No formaba parte de su ritmo para nada.

O tal vez creciste en un hogar en donde Dios formaba parte del ritmo de los domingos, pero, como esa vajilla de porcelana fina, no estaba presente ninguno de los otros días. Nunca oraban por los alimentos, ni antes de dormir. Dios no formaba parte de un diálogo cotidiano. De hecho, tú nunca pudiste descubrir cómo el Dios de los domingos pretendía tener derechos sobre sus vidas diarias. Era un misterio para ti. Sabías que era importante, y creías -hasta cierto punto- que Dios tenía valor, pero, así como la vajilla de porcelana en el aparador, Dios no formaba parte de tu vida familiar.

O tal vez creciste en un hogar intencionalmente cristiano, pero en el cual tus padres te presentaban a Dios de una manera tan seria, tan solemne, tan formal, que era como si no estuviera conectado con la vida cotidiana. De algún modo, la fe también terminaba siendo como un compartimento al que entraban por un momento, para luego retomar sus vidas como siempre.

Esa es la diferencia entre un Dios que está en el centro de la familia, y uno que está guardado en el aparador y solo se usa para ocasiones especiales. Cuando incluyes a Dios en el ritmo de vida de tu familia, no debe ser como una vajilla de porcelana fina, sino como una conversación entretejida en la tela de la vida cotidiana.

## UNA FE COTIDIANA

Si regresamos a Moisés, podemos observar que el pueblo de Israel se encuentra en un momento en el que está por hacer una transición de un ritmo cultural a otro. Ellos han pasado cuarenta años vagando por el desierto. No creo que haya resultado placentero estar toda una generación vagando por el desierto, pero lo positivo es que todo el pueblo se ha vuelto muy dependiente de Dios para las cosas cotidianas. ¡Es imposible alimentar a cientos de miles de personas en el desierto, tres veces al día, sin la ayuda de Dios! Así es que, por toda una generación, ellos recibieron recordatorios *diarios* sobre quién era Dios, y sobre lo *dependientes* que eran de Dios para todo. Tenían el maná, del que dependían *diariamente* para comer. Tenían la nube que reposaba *todos los días* sobre ellos para guiar su camino. Tenían incluso una columna de fuego allí *todas las noches*, cada vez que se iban a dormir. ¡Este pueblo nómade conocía a un Dios que estaba muy presente en sus *experiencias cotidianas*!

Recuerda, además, que la autosuficiencia es un fenómeno bastante reciente. Ellos no tenían restaurantes de comida rápida, computadoras, teléfonos inteligentes, cines, televisiones, videojuegos, conciertos, iTunes, iPods, iPhones, fotografía digital, futbol los domingos, plomería interior, aires acondicionados, supermercados, delivery... ¡ni siquiera refrigeradores! O sea, realmente *necesitaban* a Dios. Y Él estaba presente de forma evidente.

Pero Moisés estaba consciente de que su situación presente no sería su realidad futura. Por lo tanto, esta podría ser una traducción de lo que les estaba diciendo: «Si quieren imprimir estas verdades en los corazones de sus hijos, deberán ser más intencionales en cuanto a *crear un ritmo* dentro de sus hogares. En el futuro, habrá una cantidad de cosas que los distraerán. Se van a sentir cómodos. Van a prosperar. Se van a distraer. La vida se volverá demasiado ocupada y será muy fácil desviarse de la importancia de tener una fe de *cotidiana*».

Moisés sabía que en Canaán las familias tendrían que ser:
...más conscientes de crear un ritmo que transmitiera una fe cotidiana.
...más determinados en establecer recordatorios visuales de la presencia y el poder de Dios.
...más innovadores en cuanto a cómo y cuándo contarles la historia de Dios a sus hijos.

Lo que era *innato* para las familias hebreas en su experiencia pasada, debía volverse más *intencional* para las familias en su nueva realidad.

Moisés reconocía el peligro de una fe compartimentada. Él sabía que, con el correr del tiempo, la relación cotidiana con Dios se iría restringiendo a una parte del día, y luego de la semana, y luego del mes... Él sospechaba que habría una tendencia a segmentar a Dios, colocándolo en una categoría aislada de la vida, en lugar de considerarlo como una fuerza integrada que influencia *toda* nuestra vida. A Moisés le preocupaba que algún día la sociedad viera a Dios tan solo como una parte más pequeña de la vida y la cultura.

Lo que Moisés dice aquí respecto de la familia es tan lógico que, a primera vista, incluso podrías preguntarte para qué lo dijo. Sin embargo, era una impresionante declaración futurista. Uno hasta podría pensar que tuvo una revelación divina acerca de lo que sucedería. (Bueno, en realidad, ¡sí la tuvo!) Y es por esto que sus palabras trascienden las generaciones. Le atañen al potencial de las familias de una diversidad de culturas. De alguna manera, lo que Moisés dijo sobre el rol de la familia puede tener más significado para nosotros hoy, que para la gente hebrea de esa época. Estamos seguros de que algunos de los padres que estaban en la multitud pensaron: «¿No es eso acaso lo que hemos estado haciendo? Ya les hemos estado hablando a nuestros hijos de la fe por las mañanas, por las tardes y en las noches. ¡¿Cómo podría alguien haber experimentado lo que nosotros vivimos, y no hablar al respecto?!»

Pero las cosas estaban por cambiar. Ellos se estaban mudando a la Tierra Prometida. Ahora bien, si somos sinceros acerca de nuestra situación, la mayoría de nosotros deberíamos admitir que prácticamente estamos viviendo en nuestra propia «tierra prometida». Pocos de nosotros tenemos que deambular afuera de nuestras tiendas de campaña para ver si llega el maná cada mañana. ¡Tenemos más que casi cualquier otra generación en la historia!

El tema es el siguiente: Una cualidad de los humanos es crear una imagen tan reducida y definida de Dios, que lo separamos completamente de la cultura. En lugar de considerar *todo* como algo conectado con la historia de Dios, nos encanta categorizar y segmentar nuestra fe. Incluso los líderes establecen velos hechos a mano para separar lo espiritual de lo secular. Crean términos y etiquetas para cuantificar y calificar de qué maneras obra Dios y de qué maneras no.

**EN LUGAR DE CONSIDERAR TODO COMO ALGO CONECTADO CON LA HISTORIA DE DIOS, NOS ENCANTA CATEGORIZAR Y SEGMENTAR NUESTRA FE.**

Por eso es fácil comprender la ansiedad que tenía Moisés sobre Canaán:
De alguna manera Dios será olvidado.
Las verdades eternas serán diluidas.
La fe de una generación morirá.

¿No es eso lo que está en juego hoy día también? ¿No es eso lo que está ocurriendo en nuestras culturas actuales?

Moisés hace un ruego apasionado para que los padres se dediquen a imprimir en los corazones de los hijos las verdades principales que tienen que ver con al carácter de Dios. Algunas traducciones usan la frase «enseñen diligentemente». El concepto hebreo de «enseñar» significa «hacer aprender»[1]. Esto es diferente que una conferencia, o la educación que se desarrolla en un aula donde la responsabilidad del maestro termina una vez

1. Roy Suck, ed., *Biblioteca Sacra* 121 (1965): 228-235.

que ha presentado la lección. Moisés les está hablando sobre un proceso de enseñanza sistemática hasta que la verdad central sea comprendida y asimilada personalmente.

En otras palabras, él apunta a un aprendizaje real. Y, si te fijas bien, hay una revelación preocupante aquí sobre quién es el responsable principal de lo que debería ser aprendido. ¿Es el que aprende o el que enseña? ¡La familia siempre ha sido una parte integral del diseño de Dios!

Lo que Moisés le propone al pueblo hebreo es realmente estratégico. Recurre al diseño de la creación, y lo catapulta para nutrir una fe permanente. ¡Es tan obvio y a la vez tan genial!

Otro detalle importante es que el principio del ritmo es transferible a cada cultura a través del tiempo. En general, todos los pueblos se levantan al salir el sol, transcurren su día, comparten alguna comida, y duermen por las noches. Esa es simplemente la manera natural en la que fluyen las cosas. Por eso Moisés resaltó claramente ciertos patrones u horarios a lo largo del día que eran oportunos para la enseñanza. Si la Shemá, como vimos en el Capítulo 4, puede ayudarte a poner el foco en tu relación con Dios, estas otras instrucciones para la vida cotidiana pueden proveer la estructura necesaria para que tus relaciones florezcan.

Dale una mirada más profunda a lo que dijo Moisés en Deuteronomio 6.6-9

*«Grábate en el corazón estas palabras que hoy te mando. Incúlcaselas continuamente a tus hijos. Háblales de ellas cuando estés en tu casa y cuando vayas por el camino, cuando te acuestes y cuando te levantes. Átalas a tus manos como un signo; llévalas en tu frente como una marca; escríbelas en los postes de tu casa y en los portones de tus ciudades.»*

Este ritmo se acopla a la perfección con la manera en que naturalmente se desarrolla la vida de las familias. Es como si un Dios trascendente y perfecto estuviera diciendo: *«No estoy allí solo para que me coloquen en un estante y me desempolven para ocasiones especiales. ¡Quiero ser parte de tu vida cotidiana! ¡Estoy aquí para tener una relación personal contigo!»*

Aunque cada familia tendría que buscar el patrón que mejor funcione para ellos según sus horarios, el Factor Naranja sugiere, a partir de este pasaje, cuatro momentos específicos que cualquier familia puede aprovechar para construir la fe de sus niños y adolescentes. Cada horario parece prestarse para un estilo o enfoque diferente de aprendizaje, y además cada uno presenta una oportunidad diferente para los diversos roles de los padres...

**Las comidas juntos** son una oportunidad óptima para tener una conversación intencional con un enfoque determinado. Les ofrecen a los padres un tiempo específico para asumir el rol de «facilitador» o «maestro», a modo de abordar una verdad especifica en un contexto interactivo y relacional. La hora de la comida puede ser efectiva como un ambiente dentro del cual tratar intencionalmente ciertos valores y principios centrales de modo proactivo, como familia. La palabra clave aquí es *conversar.*

**Los viajes o las caminatas juntos** también parecen ofrecernos una oportunidad única. Son momentos adecuados para estimular el tipo de dialogo informal que les permite a nuestros hijos conversar sobre sus propios intereses. Estos momentos les brindan la oportunidad a los padres de construir una relación a través de experiencias que no resultan intimidantes. Hasta cierto punto, el padre puede desempeñarse aquí como un «amigo» o «compañero», e interpretar la vida junto con sus hijos. (El equivalente cultural a «cuando vayas por el camino» en la actualidad puede ser el tiempo que pasamos con ellos llevándolos de un lado a otro, cuando estamos conduciendo nuestro automóvil. Tal vez te encuentres con algunos enemigos como los video juegos, los celulares, o la música, pero los padres creativos utilizan incluso a esos enemigos para generar preguntas interesantes y fomentar el diálogo.)

**La hora de acostarse** también puede ser un momento de gran importancia para las familias. Muchos padres se pierden el potencial de este valioso momento porque mandan a sus hijos a dormir, en lugar de acompañarlos. Hay algo que tiene que ver con el dominio privado del cuarto de un hijo, que les da a los padres la oportunidad de entablar un diálogo íntimo y convertirse en el «consejero» que escucha el corazón de su hijo. (¿Alguna vez se enojó uno de tus hijos y se fue a encerrar en su habitación? Es como si dijeran: «Estoy molesto contigo, así que te dejo afuera». La puerta del cuarto de tu hijo es, metafóricamente, una puerta importante que mantener abierta.)

**La hora de levantarse** nos regala una página en blanco que permite que la familia pueda tener un comienzo fresco en cuanto a lo relacional. El comienzo de un nuevo día nos brinda la oportunidad de plantar una importante semilla emocional en los corazones de nuestros hijos. Unas pocas palabras de ánimo cuidadosamente dichas o escritas, pueden darle a tu hijo un sentido de valor e inculcarle propósito para ese día y más. Imagina que tú fueras un entrenador que está enviando a su hijo a un juego importante. ¡Pues lo eres! Como padre, deberías preguntarte: «¿Qué puedo hacer o decir en este momento, que le dé a mi hijo o hija la energía necesaria para lidiar con cualquier cosa que le toque enfrentar hoy?» (La mayoría de los maestros te podrían decir que ellos perciben si las cosas están bien en la casa de un estudiante, al mirar su semblante cuando llega a la escuela).

Momentos familiares

| Horario | Comunicación | Rol | Meta |
|---|---|---|---|
| Hora de comer | Conversación formal | Maestro | Establecer valores |
| Hora de viaje | Dialogo informal | Amigo | Afianzar la relación |
| Hora de acostarse | Conversación íntima | Consejero | Construir intimidad |
| Hora de levantarse | Palabras de animo | Entrenador | Inculcar propósito |

Si las familias decidieran aprovechar estos momentos que ya están incluidos en sus rutinas, las conversaciones espirituales pasarían a considerarse como algo normal. Al hacer eso podemos trasladar estas conversaciones significativas del ámbito de lo formal a lo cotidiano, incluyéndolas en un ritmo que ya existe, pero potenciándolas para propósitos más importantes. ¡La recompensa podría ser enorme!

El pueblo hebreo antiguo, no solo reconocía que había un ritmo diario, sino también un ritmo semanal y un ritmo anual. Ellos separaban el Shabat una vez a la semana para honrar y adorar a Dios. Y designaban en su calendario anual ciertos días especiales, como la Pascua, para reflexionar y celebrar la fidelidad de Dios. Todos estos ritmos desarrollaron una cultura rica en tradiciones que conformaron un contexto para su historia e identidad como pueblo. Pero principalmente, ese ritmo les dio a las familias la oportunidad de establecer como prioridades principales su fe y sus relaciones. Y, repentinamente, Dios se volvió parte de la vida cotidiana.

Hay una ley práctica que se deduce de todo esto: *Para establecer un ritmo, necesitas fijar una prioridad.* Una prioridad es simplemente una decisión anticipada sobre tu tiempo. Los padres tienen una ventaja con este asunto del tiempo. Al menos hasta que tus hijos tengan edad suficiente como para tomar sus propias decisiones en cuanto a sus horarios y actividades, tú tienes la oportunidad de maximizar tu relación con ellos a través de la forma en la que administras tu tiempo.

**UNA PRIORIDAD ES SIMPLEMENTE UNA DECISIÓN ANTICIPADA.**

Piensa en lo siguiente: las mejores iglesias de tu comunidad, durante un año típico, invertirán en tu hijo un promedio aproximado de unas ciento cincuenta horas (a razón de unas tres horas por semana). Esto en el caso de que él o ella estén activamente involucrados en la mayoría de las actividades. Esas son horas importantes, en las que otros líderes del círculo más amplio pueden influenciar la fe de tus hijos. ¡Pero son solo ciento cincuenta horas al año! El estudiante promedio de primaria o secundaria, que va a la iglesia y recibe esas ciento cincuenta horas de influencia, ¡pasará aproximadamente cuatrocientas horas ese mismo año jugando a los videojuegos!

¿Y qué sucede con el tiempo que pasas en casa? Mientras que la iglesia promedio logra influenciar a tus hijos por unas ciento cincuenta horas, tú, como padre, cuentas con unas tres mil horas al año. ¡No desperdicies el potencial de este tiempo!

Lo escribiremos dos veces para que no te lo vayas a perder: Tienes alrededor de tres mil horas al año con tus hijos. Durante esas horas puedes conversar, jugar, establecer prioridades, y hacer crecer la relación. Esa es la razón por la que constantemente les decimos a los padres: «Lo que sucede en tu casa es más importante que lo que sucede en la iglesia». Por la simple razón de que pasas con ellos tanto tiempo, tienes el potencial de influenciar a tus hijos de una manera increíble. Resulta evidente por qué es muy importante que, como padre, decidas de antemano qué vas a hacer con tu tiempo.

Sin embargo, el tiempo solo no te dará automáticamente el tipo de ritmo que logrará influenciar positivamente a tus hijos. Se necesita más que solo pasar tiempo juntos como familia. Para fijar el ritmo se requieren dos componentes principales: intencionalidad y constancia. Para crear un ritmo musical, se necesita repetir constantemente un sonido, de manera intencional, dentro de un marco de tiempo. Sin sonido intencional, no hay ritmo. Sin constancia, no hay ritmo.

El punto que Moisés toca en este pasaje muestra un paralelismo con la idea del ritmo, en el sentido de que enfatiza esos dos aspectos
importantes. Primero, tiene que haber un *esfuerzo* para dejar una impresión, o para comunicar lo que resulta central e importante. Segundo, el esfuerzo debería suceder *repetidamente*, y establecer un *patrón* en el tiempo. El tiempo que pasan juntos como familia debería ser tanto interactivo como intencional. Cuando esos dos aspectos están presentes, aumentas la capacidad de influencia del tiempo que pasas con tus hijos.

## MÁS CANTIDAD DE TIEMPO DE CALIDAD

Lo que ustedes necesitan como familia no es ni tiempo de calidad, ni cantidad de tiempo. Necesitan cantidad de tiempo de calidad. Algunos pueden alegar que es importante pasar enormes cantidades de tiempo como familia juntos, sin importar lo que estén haciendo. Otros piensan que el asunto no es cuánto tiempo pasen juntos, sino qué haces durante el tiempo en que están juntos. Lo que Moisés sugiere en este pasaje es que se necesita de ambas cosas: la cantidad, y la calidad. Cuando incrementas la cantidad de tiempo de calidad que pasan juntos como familia, potencias tu habilidad de impactar positivamente la fe de tus hijos.

Esto me recuerda (habla Reggie) mi relación con el gimnasio. Mi oficina está al lado de un gimnasio, y yo me hice socio hace años. Puedo ver el gimnasio desde mi ventana. Estoy cerca de ese lugar todos los días. Tienen un hermoso lobby y sala de estar donde, de hecho, he pasado tiempo, yendo a trabajar ahí con mi computadora. Es difícil de explicar, pero a veces siento que tengo una mejor oportunidad de mantenerme en forma porque pago las cuotas mensuales y paso mucho tiempo cerca de gente que está haciendo ejercicios. El problema es que el hecho de pasar tiempo *cerca* del gimnasio no me hace más saludable. ¡Ese es el mito de la cantidad de tiempo!

Algunos años atrás, comencé a sentirme culpable porque durante meses no había hecho ningún tipo de ejercicio físico. Así que me levanté a la mañana muy temprano y me dirigí al gimnasio. Quería recuperar el tiempo perdido. Me sentí tan feliz de finalmente estar haciendo algo productivo allí, ejercitándome, que me llené de energía. Así que cuando terminé de hacer la rutina de ejercicios en todas las maquinas, comencé de nuevo.

Pasé unas cuántas buenas horas poniendo gran cantidad de esfuerzo en cada rutina, y salí de allí sintiéndome mejor conmigo mismo. Sin embargo, a la mañana siguiente me levanté con un intenso dolor en todo el cuerpo. Mis músculos, evidentemente dañados por tanto esfuerzo junto, se habían cerrado. No me podía mover. Me tomó varias semanas de terapia de rehabilitación para volver a la normalidad. ¡No se pueden recuperar varios años de no hacer ejercicios en un día, así como no se pueden recuperar meses de no pasar tiempo de calidad con tus hijos en unas vacaciones «intensivas» de una semana al año!

Ahora este gimnasio tiene un programa llamado «Fit Link». Al entrar al gimnasio, y antes de comenzar a hacer ejercicios, te registras en una computadora. Esa computadora está vinculada a un monitor que se encuentra en cada estación y que registra el peso de la persona y la cantidad de pesas que tiene que levantar. Si vas demasiado lento o demasiado rápido en tu rutina, te suena una alarma. En tu próxima visita, la computadora calcula tu progreso basado en tus ejercicios anteriores, y te asigna mayor peso, a la vez que actualiza tu rutina para cada estación. Si te salteaste alguna rutina, o si faltaste, le envía una notificación a un entrenador personal para que te llame por teléfono o te envíe un e-mail para animarte a regresar a tu rutina. ¿Por qué hacen todo esto? Porque alguien en ese gimnasio está convencido de que el único modo de mantenerte en forma es una rutina de ejercicios consistente a lo largo del tiempo. ¡Eso es lo que significa *cantidad* de tiempo de *calidad*!

Pasar tiempo juntos como familia no es suficiente, si ese tiempo juntos no es estratégico y significativo. No se trata de cantidad. Las familias no pueden recuperar las oportunidades perdidas yéndose a unas vacaciones largas una vez al año, o compartiendo varios días libres cada tanto. Tampoco se trata de calidad. Se necesitan las dos cosas. Las familias tienen que ser *intencionales* en la manera en la que pasan su tiempo juntos, y *consistentes* en la frecuencia con que pasan tiempo juntos. En síntesis, necesitan crear un ritmo.

## ESTABLECE TU RITMO

Lo más emocionante es que Dios ya ha establecido un ritmo que forma parte de las vidas de cada familia. Necesariamente todos se levantan, todos comen, todos se trasladan de un lugar a otro en algún momento del día, y todos se van a acostar. Sin embargo, en la mayoría de los hogares no se están utilizando esos momentos con un propósito significativo. El incluir conversaciones morales y espirituales en la ecuación requiere de un cambio para la mayoría de nosotros, porque no hemos sido criados con el tipo de ritmo que Moisés se imaginó. Se necesita algo de intencionalidad para potenciar esos momentos para bien.

Aquí te dejamos algunos pensamientos prácticos que esperamos que te ayuden con este tema...

## Decide en qué quieres que se conviertan tus hijos.

Una de las preguntas más importantes que te puedes hacerte como padre es la siguiente: «¿En qué quiero que se conviertan mis hijos?» Una vez que hayas respondido esa pregunta, entonces puedes buscar conversaciones y actividades apropiadas para tu familia a la luz de esa respuesta.

Jesús siempre estaba señalando el final, procurando que quienes le seguían se enfocaran en lo más importante. Y Él tenía un modo increíble de dar al blanco en cuanto a lo que *realmente* era importante. Hubiera sido genial estar allí cuando los fariseos comenzaron a hacerle preguntas. A los fariseos les encantaba ejercitar sus músculos espirituales y sus intelectos teológicos. Cada vez que tenían la oportunidad de desacreditar a alguien que amenazara su identidad, lo hacían. Esto sucede específicamente en Mateo 22.34-36:

*«Los fariseos se reunieron al oír que Jesús había hecho callar a los saduceos. Uno de ellos, experto en la ley, le tendió una trampa con esta pregunta: —Maestro, ¿cuál es el mandamiento más importante de la ley?»*

Solo piensa en esta situación desde el punto de vista de Dios. Allí está Jesús, Dios hecho carne, enfrentando una pregunta capciosa de parte de un fariseo, conocido por ser un experto acerca de Dios. Tal vez este fariseo no tenía ni idea de que estaba hablando *con* Dios. Jesús, entonces, menciona un mandamiento, algo que le había dicho a Moisés sobre el monte unos mil quinientos años antes. A este pasaje se le había otorgado un significado nuevo en Deuteronomio, pero ahora Jesús está por elevar ese pasaje a un nivel todavía más alto: *«'Ama al Señor tu Dios con todo tu corazón, con todo tu ser y con toda tu mente' —le respondió Jesús—. Éste es el primero y el más importante de los mandamientos.»* (Mateo 22.37)

¿Captaste lo que sucedió? Jesús les mencionó a Moisés a los fariseos. Ahora sí que ellos están en aprietos. No solo hizo referencia a la *Shemá*, sino que lo promovió a un nivel superior. No estoy seguro de lo que ocurrió después, pero posiblemente pasó algo como esto: Tal vez unas pocas personas comenzaron a aplaudir. Los discípulos suspiraron en alivio. Los fariseos se tornaron visiblemente incómodos. Se hizo una pausa dramática. Y luego Jesús dijo: *«Y ...»*

Ahora tal vez Tomás entró en pánico. Ya estaba nervioso desde antes, pero allí probablemente pensó: *«¡¿Qué?! No hay ningún 'Y...' después de la Shemá. ¡Realmente espero que Jesús se deje de bromear con las palabras de Moisés, o alguien se va a poner loco aquí!»*.

Pero Jesús continúa. Él quiere dejar algo en claro, especialmente para los fariseos. Entonces añade: *«El segundo se parece a éste: 'Ama a tu prójimo como a ti mismo.' De estos dos mandamientos dependen toda la ley y los profetas»*. Mateo 22.39-40

Básicamente, Jesús lo que está haciendo es agregar un «anexo» a la Shemá sagrada. Él establece ahora, como prioridad, *tres* relaciones importantes: con Dios, con los demás, y con uno mismo. Y en las tres debe regir el amor.

Ahora bien, consideramos que hay tres aspectos relacionados con este pasaje que pueden ayudarles a los padres a priorizar los temas que se conversan en las casas y en la iglesia. Utilizamos las siguientes palabras para mantenernos enfocados en lo que queremos que sientan nuestros hijos:

- Asombro
- Pasión
- Descubrimiento

*Ama al Señor tu Dios...*
¿Qué pasaría si tus hijos crecieran *asombrados* por su Padre Celestial y por lo mucho que Él los ama? ¿Qué sucedería si ellos lograran comprender que Dios es lo suficientemente grande como para lidiar con cualquier cosa que les toque enfrentar en sus vidas? **Tú quieres que tus hijos se conviertan en personas que anhelan tener una relación con Dios.**

*Ama a tu prójimo...*
¿Qué pasaría si tus hijos desarrollaran un sentido de *pasión* tal, que los movilizara a hacer lo que Jesús hizo en la tierra? ¿Qué sucedería si comprendieran que han sido diseñados para participar personalmente en la historia de Dios, mostrando su plan redentor a cada generación? **Tú quieres que tus hijos se conviertan en personas que aman a otros de la manera en que Dios lo hace.**

*... como a ti mismo*
¿Qué pasaría si tus hijos fueran provocados a procurar un estilo de vida de *descubrimiento*, donde su identidad esté determinada por una relación personal con Cristo, y donde sean guiados por sus verdades? **Tú quieres que tus hijos se conviertan en personas que se ven a sí mismas como Dios las ve.**

Jesús afirmó que todo principio en la vida parte de estas tres cuestiones relacionales. Él realzó la enseñanza de Moisés, y nos dio una meta clara para que lográramos ver en qué deberían convertirse nuestros hijos. Este solo pasaje bastaría para proporcionarnos el marco que debemos utilizar para crear un ritmo e influenciar la fe y el carácter de nuestros hijos en la manera en que Dios desea que lo hagamos.

## Sigue pensando en naranja

En este capítulo hemos explorado el rojo profundo del corazón del hogar, la paternidad y la familia. Tal vez pienses que olvidamos completamente a la iglesia. Pues no. Aunque el ritmo del que estamos hablando es moldeado y vivido en nuestras casas, la iglesia también juega un rol crítico. Recuerda que cuando tus hijos son influenciados desde ambas direcciones (con el corazón del hogar, más la luz de la iglesia), se produce el Factor Naranja. No solo porque somos pastores, sino también porque somos padres, ambos autores pensamos que incluir a una comunidad de fe como parte de tu ritmo semanal ¡es una gran idea! Incluso, uno de los Diez Mandamientos enfatiza la prioridad de separar un día a la semana para enfocarnos en el aspecto espiritual de nuestras familias.

La iglesia correcta puede ayudarte a desarrollar un ritmo que provoque grandes momentos con tus hijos. La iglesia puede ser un socio estratégico para ayudarte a responder preguntas que muchos padres y madres se hacen: ¿Cómo empiezo una conversación espiritual con mi hijo adolescente? ¿Cómo se desarrolla el carácter de un niño? ¿En qué forma puedo explicarle a mi hijo un concepto espiritual difícil? Las iglesias invierten tiempo y recursos en la enseñanza semanal de los niños. Por lo tanto, es un lugar lógico al cual acudir para obtener recursos de calidad, a fin de enseñarles a tus hijos sobre la fe y el carácter.

## SINCRONÍZATE CON LO QUE ESTÁ ENSEÑANDO TU IGLESIA

¿Qué pasaría si te propusieras aprender lo que se está enseñando en tu iglesia, para volverlo a enseñar nuevamente en casa? ¿Qué ocurriría si las tres verdades relacionales que Jesús enfatizó en Mateo 22 fueran el enfoque simultáneo de tu casa y de tu iglesia? Existe un número cada vez mayor de iglesias que quieren ayudarte a catapultar tu influencia y a crear un ritmo en tu casa.

En e625.com (habla Lucas) estamos publicando materiales que tienen recursos tanto para las iglesias como para las familias. Así por ejemplo es la serie «Toda la Biblia en un año» que tu iglesia puede usar para enseñar según edades la Biblia desde el génesis hasta el apocalipsis.

Muchas iglesias ya no mandan a sus hijos de regreso a sus casas con una carita sonriente en un plato descartable que exhibes en tu refrigerador durante una semana (y que luego tiras a la basura cuando nadie te ve). Por encantadores que sean, los platos descartables están dando paso a recursos diseñados para ayudar a catalizar conversaciones en el hogar.

En este sentido, muchas iglesias están repartiendo tarjetas o actividades para iniciar conversaciones sobe la fe, historias bíblicas y hasta proyectos familiares que pueden ayudar, tanto a padres como a hijos, a encontrar algo significativo y estratégico sobre lo cual conversar juntos. Muchas veces esos materiales están relacionados con lo que los niños o adolescentes están aprendiendo en su grupo pequeño en la iglesia, lo cual les permite a los padres edificar sobre lo que sus hijos ya han estado estudiando. Si te llega alguno de estos recursos, utilízalo, amplifícalo y colócalo en lugares donde puedas iniciar conversaciones.

La clave principal es cómo podemos tomar lo que se ha enseñado el domingo, y reforzarlo en casa durante la semana. Para poder ser activos en esta área, los padres necesitan atesorar el concepto de que lo que sucede en la casa es más importante de lo que sucede en la iglesia.

## SÉ FLEXIBLE CON TU RITMO

Mientras tus hijos son más pequeños, la vida es más rutinaria. Puede que se *sienta* como si estuviera fuera de control, pero la verdad es que nunca tendrás más estructura que cuando tienes hijos en edad preescolar. Cuando tus hijos están en los años de escuela primaria, también hay oportunidades considerables para tener una rutina significativa. ¡Y lo mejor de todo es que tendrás el máximo de su atención en las edades entre el jardín de infantes y el comienzo de la escuela secundaria!

Si tienes un hijo de escuela primaria, será relativamente fácil para ti aplicar lo que hemos compartido acerca de establecer un ritmo en tu vida familiar. Si piensas en todas las horas de comer, de manejar, de acostarse y de levantarse que comparten, puedes imaginarte muchas oportunidades de tener unas buenas conversaciones sobre la fe. Durante esa etapa, las familias hacen un montón de cosas estando todos juntos. Comparten tiempo al hacer las tareas escolares, jugando algún juego de mesa familiar, o escuchando juntos alguna de sus canciones favoritas. Es bastante natural incluir la fe y el carácter en medio de nuestro día durante esta etapa. Además, cuando los niños son más pequeños resulta más fácil planear las conversaciones.

Por supuesto, en la escuela secundaria las cosas comienzan a cambiar rápidamente. Los chicos en edad de escuela secundaria y los adolescentes son mucho más independientes e impredecibles. Los ritmos que eran tan fáciles de instalar y mantener hace unos años atrás, ya no lo son. Por lo tanto, como padre, tienes que ser más creativo. Simplemente no vas a congeniar tan fácilmente con tus hijos de quince años, y ese estado zombi de las mañanas de la adolescencia significa que el desayuno ya no será lo mismo que solía ser.

Como padres, debemos aprender a cooperar con los patrones naturales de nuestros hijos. A veces, esto implica hacer grandes ajustes cuando nuestros hijos entran en la preadolescencia. ¿Qué se hace con los preadolescentes? Esa es la época en que la mayoría de los hijos se alejan de sus padres. ¿Cómo mantienes la relación viva? ¿Cómo la haces crecer?

Día tras días, los amigos de tus hijos se vuelven una prioridad más grande para ellos. En la adolescencia, además, ya no tienes el mismo tipo de ritmo que tenías antes en tu vida. Así que... simplemente aprendes un nuevo ritmo.

Con los distintos horarios y compromisos que suele tener cada uno, a veces se hace difícil compartir momentos todos juntos, pero para esto la cena siempre es una buena oportunidad. Puede que no estén todos sentados a la mesa los siete días de la semana, pero si lo haces una prioridad podrán compartir la mayoría de las noches. Este es un gran tiempo para conectarse en familia y para hablar de cosas importantes.

En lo que hace al tiempo personal con cada uno, muchas veces las mejores conversaciones, y las más significativas, se dan en el automóvil o en momentos espontáneos. A veces en viajes o trayectos largos tenemos tiempo para compartir, hace preguntas, o iniciar conversaciones sobre la fe, el carácter, la vida, y las distintas etapas del crecimiento. Otra ventaja de conversar en el automóvil es que la mayoría del tiempo no estarás haciendo contacto visual, y esto ayuda a apaciguar la intensidad cuando necesitan hablar sobre cosas pesadas. ¡Puedes tener conversaciones maravillosas en tu automóvil!

Otra buena forma de estar con tus hijos es simplemente andar cerca. Esto en ocasiones esto nos resulta difícil, porque los adultos tenemos tantas obligaciones que nos hemos acostumbrado a ser eficientes y productivos. Pero a veces simplemente tienes que dejar el resto a un lado y planear no hacer nada por un rato. Cuando estás cerca y disponible, esto puede permitir que surjan diálogos significativos. Por supuesto, no podemos prometerte que funcione el 100% de las veces. El estar cerca de ellos por cuatro horas, no necesariamente significa que algo relacionalmente importante vaya a ocurrir. Pero lo opuesto sí es verdad: si nunca estas cerca, nada relacionalmente importante pasará. Simplemente te lo perderás.

Independientemente de la edad de tu hijo, puedes ser proactivo en conocer qué está aprendiendo el domingo y descubrir cómo incluirlo en las actividades y conversaciones del ritmo de tu vida familiar.

## PARTICIPA EN EXPERIENCIAS DISEÑADAS PARA LA FAMILIA

Siempre es una buena idea aprovechar la oportunidad de participar en una actividad diseñada para toda la familia. Estas experiencias pueden convertirse en catalizadores efectivos para la conversación e interacción en el hogar. Participar del evento con otras familias también es una manera increíble de celebrar con nuestros hijos el valor de la familia.

Cuando los eventos están patrocinados por una iglesia, pueden resultar estratégicos para ejercer una sinergia de influencia entre los padres y de los líderes de la iglesia. Las experiencias familiares en la iglesia son diferentes a la atmosfera que nuestros hijos viven durante sus actividades separadas por edades. Las experiencias familiares están diseñadas para ser experimentadas *en familia* y *junto a otras* familias. Como toda experiencia «naranja», esta es una forma de combinar influencias para crear algo más grande que lo que la iglesia o la familia pueden ofrecer por separado, a la vez que expande la capacidad de los padres más allá de lo que podrían hacer por sí mismos.

Las experiencias familiares organizadas por las iglesias para familias con adolescentes o jóvenes pueden ser un tanto diferentes, ya que a menudo son diseñadas para que los padres aprendan y trabajen en equipo. A medida que tu hijo llega a los años de la adolescencia, muchos líderes de ministerios estudiantiles toman un enfoque más informal en su asociación con los padres. Puede que ocasionalmente organicen alguna «noche para padres» en la que los líderes puedan conversar con ellos sobre asuntos importantes. También algunos líderes le proporcionan a los padres información sobre sitios web o blogs con consejos e ideas relacionados con los temas que están abordando en sus clases, y otras sugerencias para disparar conversaciones con sus hijos adolescentes. Este enfoque, sin dejar de ser «naranja», tiende a ser menos estructurado y más libre durante los años de la adolescencia, pero la idea sigue siendo la misma: ayudarte a aprovechar mejor el tiempo que tienes con tu hijo o tu hija, y a trabajar en sincronía con lo que se está trabajando en la iglesia.

## Encuentra un ritmo que funcione para tu familia

Mantén estas dos premisas siempre en mente: No sigas haciendo algo que no funciona para tu familia, y no intentes hacer demasiado. Sabemos que establecer un ritmo que funcione para tu familia puede llegar a ser complicado. Por otra parte, ¡sí es necesario que comiences al menos a hacer *algo*! Recuerda que los padres que se involucran en las *pequeñas* cosas, pueden hacer una *gran* diferencia en las vidas de sus hijos, ya sean estos niños o adolescentes.

Los padres tienen que creer en el potencial que tienen para comprometerse con sus hijos e hijas a través de la creación de un ritmo. Por ejemplo, una madre o un padre que pasa unos pocos minutos por semana en un diálogo significativo, reforzando un principio especifico, puede ayudar a crear sinergia en las experiencias de aprendizaje de su hijo. Ese es el poder de que haya múltiples voces en la vida de un hijo.

La meta no es hacerlo todo, sino comprometerse a hacer algo más.

Si un padre que no ha estado orando con su hija de diez años, comienza a orar con ella...

Si una madre que no ha estado conectada con su hijo adolescente, lo convence de que él realmente le importa...

Si una familia que en raras ocasiones habla sobre asuntos espirituales, comienza a hablar sobre Dios en la cena, aunque sea ocasionalmente...

Si algo que se enseña en la iglesia es reforzado creativamente en casa...

Si algo cambia en el ritmo del hogar para recordarles a todos que Dios está contando una historia a través de su familia...

LOS PADRES TIENEN QUE CREER EN EL POTENCIAL QUE TIENEN PARA COMPROMETERSE CON SUS HIJOS E HIJAS A TRAVÉS DE LA CREACIÓN DE UN RITMO.

**...eso produce un mayor impacto que el que cualquier padre se pudiera imaginar.**

## Preguntas de discusión

### Continúa la conversación

**Pregunta clave:** ¿En qué formas hemos incluido el desarrollo espiritual dentro del ritmo semanal de nuestra familia?

1. Cuando eras niño, ¿cuáles eran algunas de tus rutinas o tradiciones familiares favoritas? ¿Cuáles eran las tradiciones o rutinas que no disfrutabas? ¿Por qué disfrutabas de algunas y de otras no?

2. ¿Qué ritmos y patrones han seguido en tu familia hasta hoy? ¿Cómo se originaron? ¿Qué los hace divertidos? ¿Qué los hace valiosos?

3. Durante tus años formativos, ¿de qué forma se integraban las conversaciones sobre la fe y el carácter al ritmo de tu vida familiar? ¿Describirías esas conversaciones (o esa falta de conversaciones) como algo saludable? ¿Qué puedes aprender de eso? ¿Cómo ha impactado eso en la manera en que tu familia actual se acerca a la fe?

4. Aunque ya hemos dedicado bastante tiempo a Deuteronomio 6 en este libro, vuelve a leer detenidamente los versículos 6 al 8. ¿Por qué crees que habla justamente de los horarios de levantarse, las comidas, los viajes, y la hora de dormir?

   *Grábate en el corazón estas palabras que hoy te mando. Incúlcaselas continuamente a tus hijos. Háblales de ellas cuando estés en tu casa y cuando vayas por el camino, cuando te acuestes y cuando te levantes.*
   **Deuteronomio 6.6-7**

5. ¿Qué tipo de interacciones suelen tener lugar entre tú y tus hijos durante esos momentos del día? ¿Qué puedes hacer para ser más intencional durante estos tiempos con tus hijos?

6. Recuerda tu propia historia de fe, y trae a tu memoria algunas de las conversaciones sobre la fe más auténticas y naturales que hayas tenido con otras personas. ¿Dónde estabas? ¿Cómo comenzaron esas conversaciones? ¿Qué hizo que esas conversaciones fueran tan poderosas para ti?

7. ¿Qué puedes aprender sobre las experiencias que dirigieron tu propio crecimiento espiritual, que te podría ayudar a integrar de forma más eficiente la fe a la vida y al ritmo de tu familia?

**Reflexión:** Si eres parte de una comunidad de fe, evalúa los tipos de recursos que tu iglesia tiene disponibles para ti, y busca la manera de poder aprovecharlos para lograr aplicar el Factor Naranja en tu hogar. Y si tu iglesia solo ofrece sermones desconectados entre si asegúrate que tu pastor y los líderes de nuevas generaciones conocen los materiales de e625.com

CAPÍTULO 7

# VALOR FAMILIAR #5

# Hazlo PERSONAL

PONTE EN PRIMER LUGAR EN CUANTO AL CRECIMIENTO PERSONAL.

Entonces... ¿recuerdas a quiénes les estaba hablando Moisés en Deuteronomio 6? La razón por la cual te hacemos esta pregunta, es porque intencionalmente salteamos algo que Moisés dijo, con el fin de mencionarlo ahora mismo. Lo quitamos del orden real en el que aparecía en el texto para enfatizarlo aquí, al final del libro, de modo que sea una de las principales cosas en las que pienses a medida que vas terminando de leer...

Este valor familiar es un poquito diferente a los primeros cuatro que has leído. Tiene que ver con *tu relación contigo mismo*. Moisés mencionó algo tan rápidamente en Deuteronomio 6, que es fácil pasárselo por alto. Justo después de hablar sobre amar a Dios, y justo antes de hablar sobre aprovechar tu tiempo, dijo algo que está relacionado con todo lo demás. Y no es un detalle menor, ya que resulta sumamente relevante en cuanto a tu habilidad para influenciar más allá de tus capacidades. Él dijo: «Grábate en el corazón estas palabras que hoy te mando.» (Deuteronomio 6.6)

¿Lo notaste? *Grábate en el corazón*. ¿Qué quiere decir Moisés aquí? Quiere decir que todo esto tiene que estar en tu corazón, antes de que esperes que esté en el corazón de tus hijos. La cosa más importante que sucederá como resultado de leer este libro, tal vez no sea lo que pase en la vida de tus hijos, sino lo que ocurra en tu propia vida.

Para mí (habla Reggie), la carrera hacia ningún lado comenzó cuando yo tenía diecisiete años. Tomaba clases extra en la escuela secundaria, jugaba baseball en el equipo de la escuela, tenía dos trabajos y viajaba con un grupo de música. Cuando mis calificaciones comenzaron a bajar, mi profesora de latín me confronto después de una clase. La Profesora Culbreth me dijo: «Si no vas más despacio, cuando llegues a los treinta años vas a estar agotado». Yo me reí, le di unas palmadas en el hombro y volví a ocuparme de cosas más importantes. Recuerdo preguntarme, a medida que me iba alejando de ella: «¿Por qué a los treinta?»

Todos ingresamos a la vida adulta con una cierta cantidad de reservas.

Luego olvidé totalmente lo que ella me había dicho. Hasta la edad de treinta y un años, cuando estaba sentado en un auto, en una ruta de tierra, una noche en Alabama. Yo había llegado a un callejón sin salida en mi vida, en el aspecto emocional. La profesora Culbreth se había equivocado solo por un año.

Esa noche, sus palabras -pronunciadas una década atrás- vinieron a mi mente. ¿Cómo pudo haberlo sabido ella? ¿Qué es lo que vio en mí? Definitivamente, ella lo había profetizado, y mi vida se estaba derrumbando por dentro. Te voy a ahorrar los detalles acerca del ministerio que yo estaba intentando liderar y de las incontables horas que había pasado trabajando, creando e invirtiendo en los adolescentes. Solo voy a mencionarte que, para volver las cosas todavía más exigentes, mi esposa y yo estábamos en una etapa de la vida familiar en la que nos encontrábamos criando a cuatro hijos menores de siete años.

De repente, en ese camino de tierra, todo aquello comenzó a desvanecerse y me sentí abrumado, con un gran vacío y una tremenda soledad. El colapso comenzó sutilmente. Unos pocos meses después entendí, durante una sesión de consejería, lo que la profesora Culbreth me había tratado de decir. Todos ingresamos a la vida adulta con una cierta cantidad de reservas. Si gastamos demasiado sin hacer depósitos, acabaremos teniendo un déficit emocional.

Mi infancia fue hermosa. Vivía en un vecindario en que todas las casas estaban iluminadas para Navidad. Trepábamos a los árboles y jugábamos baseball en el patio. Los frecuentes viajes para visitar a familiares que vivían lejos, significaban pasar todo el día caminando por bosquecitos, pescando y explorando viejos graneros. Pasé muchos fines de semana visitando lagos, montando bicicletas sucias, y disfrutando tiempo de calidad con el grupo de jóvenes de nuestra iglesia. Para mí fue una etapa ideal y de extrema felicidad. Cada caminata, cada domingo, cada viaje, cada juego, hicieron un depósito en mi invisible cuenta personal emocional.

Así que empecé mi viaje hacia la escuela secundaria sintiendo que tenía un banco lleno de energía. Luego mi vida comenzó a moverse a toda velocidad, y empecé a quemar gasolina a un ritmo demasiado alto... La profesora Culbreth simplemente había calculado cuánto tiempo me llevaría consumir el tanque completo de gasolina, dada la velocidad a la que me estaba moviendo.

Es cierto, yo tenía todo lo que diecisiete años de depósitos positivos habían aportado a mi cuenta emocional. El problema fue que, al no comprender nada de esto, comencé a gastar emocionalmente sin medida, y sin hacer nuevos depósitos. Y el día que me tocó enfrentar una crisis emocional, recurrí a mi banco emocional, y estaba vacío.

De más está decir que, durante los difíciles meses posteriores a esta crisis, no fui yo el único que sufrió. Era como el tráfico detenido en un puente detrás de un auto que se quedó sin gasolina. Toda una fila de gente que me importaba, y mucho, también fue afectada. Afortunadamente, fui rodeado por unos pocos amigos y miembros de mi familia que me querían lo suficiente como para rescatarme. Se comprometieron a hacer depósitos en mi vida y a ayudarme a restaurar lo que había perdido.

Mirando hacia atrás, no es difícil comprender lo que sucedió. Simplemente había olvidado recargar mi mundo privado. Estaba liderando a otros, pero no a mí mismo. Había agotado totalmente mi capacidad, porque había sido negligente en alimentar mi crecimiento personal. Esto es, entonces, lo que quiero compartir contigo: Existe un vínculo crucial entre tu habilidad para ejercer la paternidad y tu crecimiento personal.

El quinto valor familiar -»hazlo personal»- va a desafiarte como padre de un modo que ningún otro valor lo ha hecho. Podrías asimilar los otros cuatro valores que analizamos en este libro (amplía el circulo, imagina el final, pelea por el corazón y establece un ritmo) tal y como los hemos descrito hasta ahora, y aun así perderte algo sumamente importante. Este último valor es *personal.* No tiene tanto que ver con tus hijos. Este valor va a *beneficiar* a tus hijos, sin dudas. Pero no está directamente ligado a ellos. Esto tiene que ver *contigo.*

Ahora bien, como este valor se trata de ti, y llevas una vida extremadamente ocupada, puede que te sientas tentado a saltearártelo. Después de todo, eso es lo que los padres hacen. Ponemos de lado nuestros deseos y necesidades, para que nuestros hijos puedan salir adelante. Pero es *por tus hijos* que resulta importante que dediques tiempo a este capítulo. Así es que, al menos esta vez, dejar de lado algo porque es «para ti» sería cometer un grave error.

## Los niños lo pueden percibir

Cuando se trata del carácter y de la fe, tus hijos te están observando de un modo en que no te observan en otras ocupaciones.

Debido a que es algo tan personal, tú no puedes *fabricar* fe y carácter para tus hijos. En lo relacionado con la formación espiritual y del carácter, tu experiencia propia los impacta profundamente. Hay además otro factor en funcionamiento aquí: Si no está en ti, ellos lo saben. Si quieres que esté en ellos, debe primero estar en ti.

**SI SOLO ESTAS TRATANDO DE INCULCARLES FE Y VALORES MORALES A TUS HIJOS, PERO NO SON UNA PRIORIDAD EN TU VIDA PERSONAL, ELLOS EVENTUALMENTE TE VAN A DESCUBRIR.**

Si solo estas tratando de inculcarles fe y valores morales a tus hijos, pero no son una prioridad en tu vida personal, ellos eventualmente te van a descubrir. Los niños tienen un increíble detector de falsedad.

Por ejemplo, probablemente te ha pasado lo que a mí (Lucas) al estar sentados a la mesa e intentar que tus hijos coman algunos vegetales y que uno de ellos te regale una mirada mordaz y te diga: «a ver papi como te comes el brócoli para darme el ejemplo…» porque a mi si me pasó, y odio el brócoli…

Los niños pequeños son muy inteligentes. Tus hijos saben cuándo algo es verdad, y saben cuándo no lo es. Si eres muy bueno, tal vez podrías ser capaz de convencerlos de que la fe y el carácter son importantes. Pero con el paso del tiempo, ellos comenzarán a darse cuenta de si en verdad esas cosas son importantes *para ti*.

De la misma manera en que los hijos son expertos en identificar cualquier pequeña diferencia de opinión entre papá y mamá, y abrir esa brecha lo suficiente como para obtener algo en su propio beneficio, también pueden percibir claramente cuando tú dices una cosa, pero haces otra.

> Cuando se trata del desarrollo moral y espiritual, tus hijos te están observando con una mirada de rayos laser.

Y si resulta que la fe no es algo personal, entonces se vuelve tan fácil de descartar como un par de botines de fútbol luego de que han perdido su brillo. Peor aun, si en tu vida no es algo central, los niños pueden considerar a la fe como algo que pueden dejar atrás a medida que van creciendo... al igual que los ladrillitos para armar y los cochecitos con los que jugaban interminablemente sobre la alfombra del living le van dando paso a las salidas con amigos y a otras cosas propias de la adolescencia.

¡Por esa razón es que resulta tan importante tu relación personal con Dios! Cuando se trata del desarrollo moral y espiritual, tus hijos te están observando con una mirada de rayos laser.

> No se trata de que seas un modelo perfecto, sino un modelo honesto.

Sabemos que, a medida que lees esto, probablemente tu nivel de ansiedad se ha ido elevando. Tal vez estés sintiendo que es imposible dar la talla. Tal vez estés pasando revista a tus temores, a tus inconsistencias, e incluso a lo inestable que está tu fe algunos días, y sientas que sería mejor admitir la derrota por anticipado y resignarse...

Pero esa es una mentalidad de «imagen perfecta», ¿verdad? Recuerda que Dios está interesado en escribir una historia más grande, ¡y tu crecimiento personal es parte del argumento! De hecho, tu historia *en desarrollo* puede ser más influyente de lo que te imaginas.

Es por esa razón que los padres necesitan dejarles ver a sus hijos que ellos mismos también luchan para crecer. Tus hijos necesitan ver tu autenticidad y escuchar tu transparencia. Y, más que nada, necesitan ver de cerca que tu crecimiento moral, espiritual y relacional son prioridades en tu vida. No se trata de que seas un modelo perfecto, sino un modelo honesto. Deberías intentar honestamente convertirte en lo mismo que deseas que tus hijos se conviertan.

- Si quieres que ellos vean a la iglesia como una prioridad, entonces tú debes asistir.
- Si quieres que respeten a los líderes, entonces cuida tu actitud hacia ellos.
- Si quieres que admitan sus errores, entonces aprende tú a pedir perdón.
- Si quieres que trabajen duro y que se interesen por los demás, entonces involúcrate tú mismo como voluntario en alguna causa, además de tu trabajo regular.
- Si quieres que sean honestos, entonces trata a los demás con integridad.
- Si quieres que sean generosos, entonces que te vean dar deliberadamente y con alegría.
- Si quieres que busquen a Dios, entonces busca tú también tener una relación con Él.

Y sobre todo, cuando cometas un error (y por nuestra propia experiencia podemos asegurarte que vas a cometer varios), simplemente admítelo e inténtalo de nuevo. ¿No es eso acaso lo que quisieras que tus hijos hagan cuando ellos se equivocan?

## TIENE QUE ESTAR EN TI

Esa es la razón por la cual Moisés enfatizó lo importante que era que la fe comience en los padres. ¡Un legado es contagioso!

Recordemos que Moisés está preparando a la población adulta de Israel para que ellos sepan cómo transmitir la fe a la siguiente generación. Moisés les dice que deben «amar al Señor su Dios con todo su corazón», y que los principios de Dios deberían estar «grabados en su corazón». Recién entonces él continúa diciéndoles que «inculquen» estos mandamientos en sus hijos.

Repasemos cuidadosamente Deuteronomio 6 para recordar el contexto:

Primero, Moisés establece a Dios como la piedra angular de la identidad de los israelitas.

Luego, Moisés los desafía a buscar una relación de amor con Dios como fundamento para su forma de vivir.

Después, para asegurarse de que no pierden la naturaleza contagiosa de su herencia, les recuerda a los israelitas que estas cosas deben estar en sus corazones antes de que puedan transmitírselas a sus hijos.

El resumen, si eres un padre o una madre, este es un principio básico que debes aprender: **Tiene que estar en ti antes de que esté en ellos.**

Cambiaría radicalmente el modo en que miramos nuestras vidas si creyéramos que la cosa más importante que puede suceder en el corazón de un hijo, es lo que sucede primero en el corazón de sus padres.

Esto quiere decir que, antes de que te preguntes en quiénes se están convirtiendo tus hijos, deberías examinar en quién te estás convirtiendo tú. Parece contradictorio, pero así es cómo funciona: *Si la meta es transmitir una fe personal a los hijos, los padres deberían tener como prioridad el tener una fe personal en sus propias vidas.*

Pero, ¿cómo puedes hacer eso si no estás seguro acerca de lo que está en ti? ¿Cómo actúas cuando lo que está dentro de ti es menos de lo que tú deseas para ti mismo y para tus hijos?

Si eres mayor de cuarenta, admítelo: a veces sientes vergüenza al recordar cómo te comportabas cuando tenías veinte o veinticinco años. Todos vamos madurando con los años, y además, como padres, crecemos al practicar la paternidad. No somos expertos antes de comenzar, sino que ensayamos nuestras teorías con nuestros propios hijos y así maduramos y esa maduración es la gran respuesta.

Puedes encontrar una profesora de danzas antes de bailar en público. Puedes tener un entrenador de futbol antes de jugar en un partido oficial. Puedes obtener un diploma antes de comenzar a trabajar profesionalmente. Pero ninguna universidad ofrece un título en paternidad. No hay ningún lugar al que puedas ir para practicar el ser papá, antes de serlo de verdad. En su libro *Outliers*, Malcolm Gladwell señala que una persona necesita tener diez mil horas de práctica para convertirse en alguien realmente bueno para desarrollar una tarea específica.[1] ¡Y nosotros comenzamos a ser padres con exactamente cero horas de práctica!

¡Ni siquiera hay un ensayo final! La creencia generalizada es que tus padres ejercieron la paternidad contigo, por lo tanto, tú tienes un modelo para criar a tus hijos, y tus hijos, a su vez, criaran a sus propios hijos basados en la manera en que tú los criaste a ellos. Se supone que debes saber cómo ser un buen padre…

Ahora bien, tanto la fe como el carácter se desarrollan con el tiempo. Todos estamos en un proceso. Aún no hemos llegado.

1. Malcolm Gladwell, *Outliers* (New York: Little, Brown and Company, 2008), 40.

No obstante, lo que somos actualmente, de una manera u otra, impacta sobre nuestros hijos. La manera en la que buscamos a Dios, la forma en la que amamos a nuestras esposas, cómo tratamos a los otros, cómo respondemos a la autoridad, cómo invertimos nuestro dinero, cómo trabajamos, y cómo nos comunicamos, todo esto inevitablemente afectará sus valores y sus perspectivas.

¡El dilema que la mayoría de nosotros enfrentamos es que no nos podemos dar el lujo de ser buenos en todas esas cosas antes de ser padres! Nuestra única solución viable, entonces, es hacer lo que todo papá sabio y amoroso hace con sus debilidades: ¡esconderlas! Enterrarlas tan profundo que nuestros hijos nunca las puedan encontrar. Esa es, en general, la mejor idea que se nos ocurre.

El problema con esto es que tarde o temprano esas debilidades que intentamos ocultar salen a la superficie. Por eso, nunca trates de impresionar a tus hijos con la imagen que tú quieres que ellos tengan de ti. Se desilusionarán. Y además, les ayudaría mucho más si tú pudieras admitir tus luchas ni debilidades.

Lo mejor que puedes hacer por tu familia es admitir esas debilidades, y contarles cómo le pides a Dios que trabaje en ti. Está bien que ellos vean quién eres en verdad, especialmente si quieres que luego puedan apreciar la diferencia que Dios está haciendo en tu vida.

Moisés nunca sugirió que los padres fueran un ejemplo o modelo perfecto. No dijo que hasta que tú no obedecieras todos los mandamientos, no podrías transmitir tu fe. Él estaba diciendo que estas verdades debían estar «grabadas en tu corazón». Esto tiene que ver con *deseo* y con *pasión.* No todo tiene que estar bien en ti o alrededor de ti antes de que puedas ser una influencia positiva en las vidas de tus hijos. Pero sí hay una cosa que tienes que lograr si esperas tener una influencia duradera: tienes que ser auténtico. Tienes que hacer de tu fe algo personal.

## ASIENTO EN PRIMERA FILA

Tus hijos ya tienen un asiento en primera fila para ver tu vida. La pregunta es: ¿qué es lo que están viendo en ti? ¿Es solo un show? ¿O se trata de una aventura de la vida real, donde ven valentía y pasión para vencer los obstáculos personales? ¿Qué pasaría si tu crecimiento personal fuera un asiento en primera fila para que vieran la historia más grande que Dios quiere escribir en, y a través de, tu familia?

Muéstrales lo que es buscar una relación más plena con Dios. Muéstrales cómo es poner a Jesús como una prioridad en tu vida, por encima de todo lo demás. Muéstrales cómo amas a tu esposa. Muéstrales en qué consiste rechazar el materialismo y el consumismo de nuestra cultura. Si quieres que tus hijos lo tengan en ellos, ¡tienen que verlo en ti primero!

Tus hijos necesitan ver que tú...
...luchas para encontrar respuestas.
...enfrentas tus debilidades.
...tratas con problemas reales.
...admites cuando te equivocas.
...peleas por tu matrimonio.
...resuelves conflictos personales.

Tus hijos necesitan ver que haces de tu crecimiento relacional, espiritual y emocional, una prioridad en tu vida. Si no lo haces personal en ti mismo, nunca será personal para ellos.

Algunas de nuestras historias favoritas han sido contadas por niños de padres solteros, quienes vieron a sus papás o mamás vencer obstáculos difíciles. Estos papás y mamás solteros criaron a sus hijos más allá de sus propias capacidades, porque le permitieron a Dios escribir una historia en sus corazones. Una historia de redención y de restauración.

Tus hijos no pueden ver en quién te estás convirtiendo, si no pueden ver quién eres en realidad. Y si nunca ven quién eres, ¿cómo verán la diferencia que Dios ha hecho y continúa haciendo en tu vida? Es lo que vean que Dios hizo y hace en tú vida lo que les dará la esperanza para el futuro y fe en lo que Dios puede hacer en ellos y en sus vidas.

Cuando estás mirando a tu atleta favorito ser entrevistado, prestas especial atención al escuchar información que no es habitual. Más que la imagen pública, tú quieres conocer cómo fue su infancia, cómo era su hogar, qué temores tenía, qué esperanzas albergaba y con qué luchaba diariamente. Por eso las conversaciones «off the record» son siempre más emocionantes que lo que se graba en la entrevista. Tus hijos anhelan conocerte de la misma forma. No les interesa la imagen perfecta que, inútilmente, tratas de proyectar hacia afuera. Les interesa saber quién eres en verdad, con tus luchas, tus defectos, y tus carencias.

Una y otra vez, la Biblia deja claro que Dios se hace fuerte en nuestras debilidades. Cuando tú aprendes a admitir tu capacidad limitada, y logras criar a tus hijos desde tu debilidad, entonces diriges el reflector hacia la habilidad de Dios.

Por supuesto que la transparencia debería tener un lugar y un tiempo apropiados, y debería ser moderada por el sentido común, pero la mayoría de nosotros somos mejores padres cuando más vulnerables nos mostramos. Al ser honestos, le damos a la gente, y especialmente a nuestros hijos, un asiento en primera fila para ver la gracia de Dios viva y activa en nosotros.

## ¿CÓMO LO HAGO?

¿Cómo lo haces personal? Bueno, la respuesta no es complicada. Ambos tenemos, en nuestras organizaciones, unos cuantos miembros del staff que tienen hijos pequeños. Tal vez tú también te encuentres en esa etapa de la paternidad, o de la maternidad, en la que tus hijos están en edad preescolar o a principios de la escuela primaria... Esta edad está marcada por una total dependencia de los padres y, en ocasiones, esto puede ser abrumador. Una de estas madres en nuestro staff mencionó al pasar: «¡Cómo desearía tener un día en el mes para mí misma!». Cuando le preguntamos por qué ella no se tomaba ese día de descanso, inmediatamente respondió: «¡Es que me sentiría muy culpable!» Se sentiría egoísta. Y esto le sucede a la mayoría de los padres y las madres cuando transitan esta etapa. Sin embargo, la pura verdad es que cuando dedicamos tiempo para hacer depósitos en nuestro banco emocional, intelectual, relacional o espiritual, esto beneficia a todas las personas que amamos.

Jesús lo hizo, y eso que Él era perfecto. Él era Dios, pero también era hombre. Y era lo suficientemente inteligente como para darse cuenta de que el lado humano de su naturaleza necesitaba ser nutrido frecuentemente. Jesús a menudo se alejaba de las multitudes, y buscaba un lugar donde pudiera estar tranquilo. Por lo general se iba a orar. Otras veces salía con sus amigos, y de vez en cuando, se iba a dormir una siesta a un bote. ¡Hasta Jesús se hizo tiempo para recargar energías! ¿Por qué? Porque Él reconocía la importancia de hacer depósitos personales en tu cuenta de banco emocional y espiritual.

¿Es posible que tú seas el tipo de padre o de madre que se siente culpable si se toma un descanso? Tal vez logres funcionar por más tiempo porque tienes más capacidad que la mayoría de nosotros. Pero es posible que estés a punto de quedarte sin gasolina en el tanque y no te estés dando cuenta. La pregunta es: ¿Qué tipo de depósitos estás haciendo de manera regular en tu vida personal, para el beneficio de tu vida familiar?

En *El precio del privilegio* (*The Price of Privilege*) la psicóloga familiar Madeline Levine dice: «Nuestro mejor intento en la paternidad se produce cuando tenemos suficientes recursos internos personales para sobreponernos a los tropiezos... recursos que incluyen amigos, intereses, fuentes de provisión, prioridades claras y claridad sobre nuestras propias historias de vida».[2]

¿Será posible que se avecine una crisis y que estés a punto de endeudarte emocionalmente? Todos somos diferentes, y por eso es importante que te conozcas lo suficiente a ti mismo, tus habilidades, tus gustos y tu personalidad, para que puedas identificar el tipo de depósitos que te llenan de energía. Considera la posibilidad de dedicar un tiempo esta misma semana para hacer una evaluación personal e identificar aquellas cosas que restauran tus emociones y te inspiran para crecer.

## Depósitos espirituales

Mientras más tiempo pasamos reflexionando, orando, preparándonos, e incluso descansando, nos convertimos en mejores padres, esposos, madres, esposas, líderes y amigos. Somos capaces de aprender más. Confiamos más en Dios. Y nuestro carácter y espíritu son moldeados.

De la misma manera en que no existe una foto de cómo debería ser una familia perfecta, tampoco existe una foto única de cómo debería ser nuestro crecimiento espiritual. La mayoría de nosotros, los que hemos estado por tiempo en la iglesia, disfrutamos de la oración y de la lectura de la Biblia. Y hay un valor extraordinario en construir una conversación constante con nuestro Padre celestial, y en profundizar nuestro conocimiento de las Escrituras.

2. Madeline Levine, *The Price of Privilege* (New York: Harper Collins, 2006), 204.

Pero existe una variedad increíble de maneras de llegar a conocer mejor a Dios. Una de nuestras preocupaciones, en un capítulo como este, es que algunos lectores vayan a asumir que construir una relación con Dios significa seguir cierto modelo rígido de crecimiento espiritual. Nada más alejado de la verdad. Para hacer depósitos espirituales en nuestras vidas, tal vez necesitemos explorar caminos espirituales más personalizados.

TU RELACIÓN CON DIOS SE VOLVERÁ MÁS APASIONADA, CUANDO MÁS APASIONADO ESTÉS POR CONECTARTE CON ÉL.

Hay muchas maneras de crecer espiritualmente: mediante la adoración, dando generosamente, ocupándonos de alguien más, estando en contacto con la naturaleza, practicando el silencio, la simpleza, o, para algunos, estando en acción. En realidad, la mayoría de nosotros responde a una *combinación* de estos modelos. Es casi como un entrenamiento interdisciplinario espiritual. En medio de todo esto, lo más importante es que nuestro amor por el Padre del cielo crezca, y que nuestra relación con Él se profundice.

A medida que vas convirtiendo tu tiempo personal con Dios en una prioridad, asegúrate de descubrir cuál es la manera en la que creces más. Además, si observas con atención, podrás notar que tu relación con Dios se volverá más apasionada, cuando más apasionado estés por conectarte con Él.

Hay días en los que hacemos cosas que no queremos hacer ahora, para poder hacer lo que en realidad sí queremos más tarde. Es cierto, y funciona. Pero también es cierto que, eventualmente, las disciplinas se pueden convertir en una pasión. Algunos de ustedes tal vez empezaron a correr para ejercitarse, a modo de disciplina, y lucharon con eso por un tiempo... ¡pero ahora disfrutan tanto de correr que si un día no lo hacen les falta algo! Lo mismo sucede con el crecimiento espiritual. Cuando encuentras el camino que mejor encaja con la forma en la que fuiste diseñando, el crecimiento espiritual no solo es saludable, ¡sino que puede ser tremendamente gratificante!

Dado que nuestras vidas ya suelen ser bastante ocupadas, no pienses necesariamente en *agregar* horas a tu agenda diaria. Piensa en lo que podrías *dejar* de hacer para poder priorizar tu crecimiento personal. Si lo miras de esta manera, ¡de seguro encontrarás tiempo para desarrollarte personalmente!

Por otra parte, no todo tu tiempo de crecimiento personal debe ser a solas. Parte del tiempo que pasamos invirtiendo en nuestro crecimiento puede incluir diálogos con aquellos nos rodean, para aprender acerca de las áreas en las que Dios necesita fortalecernos más. Allí entran en escena los depósitos relacionales...

## Depósitos relacionales

Mantenerte conectado con tus amigos y familiares es esencial, ya que ninguno de nosotros tiene la capacidad de criar exitosamente a sus hijos en soledad. Uno de los depósitos más importantes que puedes hacer por tu propio bienestar consiste en invertir tiempo en relacionarte con otras personas.

## Sé estratégico en cuanto a tus amigos

Los seres humanos somos esencialmente criaturas relacionales. Algunos disfrutan mucho de las multitudes, mientras que otros prefieren salir con una o dos personas. El punto es que todos necesitamos otras personas en nuestras vidas. Y los amigos correctos son una fuente de energía para nuestras almas, corazones y mentes.

Hace muchos años leí un libro (Lucas) escrito por Gordon McDonald en el que agrupa a la gente según las contribuciones que hacen a nuestro mundo personal y aunque primero me chocó la idea, al asimilarla hizo una gran diferencia en mí. Aprendí que algunas eran PMI (personas muy importantes) en base a su aporte a mí sanidad emocional. Otros eran PMC (personas muy capaces) que aportaban conocimiento a las tareas que me tocaban. Y hasta tenía una categoría dedicada a los PMA (personas muy absorbentes) que eran personas para servir, pero de quién no podía estar rodeado continuamente sin llenar mi tanque con las otras.[3] ¿De qué clase de personas te rodeas?

Por no reflexionar sobre esto, muchas veces nos rodeamos solamente de gente que drena nuestra energía emocional, en lugar de volvernos intencionales a compartir nuestra vida con personas que estén comprometidas a inspirarnos y energizarnos. ¡En nombre de tus hijos, es importante entablar relaciones con el tipo correcto de gente! Piensa en las personas con las que habitualmente pasas tiempo: ¿quiénes de ellos te energizan y te inspiran? ¿Cómo puedes organizar tu mes, o tu semana, para pasar más tiempo con ellos?

## ENCUENTRA UNA COMUNIDAD DE PADRES

Un modo importante de hacer depósitos relacionales es establecer un grupo pequeño o una comunidad de padres que se reúnan frecuentemente. El compartir la vida con otros adultos que estén en la misma etapa que tú puede ser una actividad que recargue tus baterías.

Muchas iglesias han creado oportunidades para que los adultos se conecten semanal o quincenalmente, con el propósito de crecer a nivel personal y espiritual. Ya sea que tu iglesia ofrezca esos grupos, o que la convivencia se dé espontáneamente dentro de la misma comunidad de fe, ese tiempo es vital para tu crecimiento personal. Cuando nos interconectamos y aprendemos de otros padres, esta es otra forma de ser padres más allá de nuestras habilidades. Los autores de este libro no podemos imaginarnos cómo hubiera sido nuestro recorrido como padres sin las innumerables conversaciones significativas que hemos tenido con otros padres con quienes compartimos los valores mencionados en este libro.

3. Gordon McDonald, Renewing your spiritual passion (Nashville, TN: Thomas Nelson, 1997), 71.

## Una cita con tu esposa

Si estás casado, uno de los mejores regalos que les puedes dar a tus hijos es tener una relación saludable con tu pareja. Y una manera de «hacerlo personal» es modelar el tipo correcto de romance y de amistad con quien te acompaña en la vida. La presión de las circunstancias hará que el enfoque principal se dirija hacia las necesidades de tus hijos. Pero hay que ser cautelosos ya que esto podría llevarte a funcionar como si ellos fueran el centro del hogar y eso no resulta bueno para nadie. Tus hijos deberían crecer teniendo claro que tu cónyuge es tu relación principal dentro del hogar.

Puede sonar paradójico, pero en verdad una de las mejores maneras de construir seguridad y confianza en tus hijos, es fortalecer constantemente tu relación matrimonial. No subestimes la importancia de que un niño vea a su madre y a su padre comprometidos en una amistad profunda e interactuando de forma afectuosa.

Una forma de hacer esto es dejando que tus hijos te vean salir en citas de pareja. Que vean a la mamá y al papá vestirse y preparase para salir con el otro denota sus prioridades. Hazlo tan seguido como puedas, pero hazlo y sin excusas. Aunque requiera una inversión extra, es importante.

Tu cónyuge estaba allí antes de que tus hijos llegaran, y estará contigo mucho después de que tus hijos se vayan. Es sabio hacer lo que esté a tu alcance para mantener esa relación floreciendo.

## Comienza ahora

¿Cómo comienza uno a incorporar todo esto en la rutina de la vida diaria? La verdad es que la única fórmula que conocemos para que se dé un crecimiento personal, ¡es definirlo como una prioridad!

Nuestras obligaciones y compromisos aumentan hora tras hora. Hay muchas cosas que gritan por nuestra atención, y muchas razones «lógicas» para *no* poner como prioridad tu crecimiento personal. La mayoría de los días tenemos más tareas que tiempo. Pero necesitas tomarte el tiempo para hacer depósitos en tu banco espiritual y relacional, y tu familia necesita una gran cantidad de tiempo de calidad si realmente quieres construir una relación que sea profunda y duradera.

En el capítulo anterior hablamos sobre crear un ritmo para tu familia, pero ahora necesitas pensar en esta pregunta: ¿qué ritmo de crecimiento personal crearás para ti mismo? El ritmo óptimo puede ser diferente de acuerdo a cada persona. Tendrás que decidir qué ritmo personal funciona mejor para ti. Nuestra sugerencia es que le des a este tipo de desarrollo tu horario principal del día, ya sea por la mañana o en otro momento. ¿Cuál es tu horario principal del día? ¿Cómo puedes dedicarle la mejor parte de tu día y de tu energía a tu desarrollo personal? Probablemente tengas que reacomodar tu día... ¿qué cosas pospondrás? ¿Qué dejarás de hacer para poder dedicarte a esto? Si ya tienes el hábito de separar un tiempo cada día para tu crecimiento personal, ¿qué podrías hacer para mejorar o enriquecer ese tiempo? Y si todavía no lo estás haciendo, ¿qué te parece comenzar a hacerlo por cinco minutos al día a partir de hoy?

El crecimiento personal puede incluir entregarle a Dios los primeros momentos de la mañana o los primeros de la noche para orar, leer la biblia, hacer un devocional, o tener un rato de reflexión. Puede incluir hacer ejercicios regularmente, o cambiar tu dieta, de modo de estar más sano. También puede implicar buscar la percepción de otros sobre lo que creen que estás haciendo bien y lo que creen que estás haciendo mal. Tu esposa o tu esposo pueden ser tu mejor confidente, y tu crítico más amoroso. Ellos tienen una ventana hacia tu alma, y pueden identificar algunas cosas en tu vida que tal vez tú no veas.

También puedes pedirles opiniones a tus amigos y colegas. Y, por qué no, puede incluir escuchar a tus propios hijos. Puede ser un gran momento de humildad conversar con tu hijo acerca de las áreas en las que necesitas crecer como padre.

## Hazlo personal

A medida que comiences a hacer de tu crecimiento personal una prioridad, algo increíble va a suceder: tus hijos lo van a notar. Recuerda que tú eres la influencia más grande en sus vidas. Dios comenzará a escribir una historia más grande en tu vida... Comenzarás a cambiar, a crecer y a desarrollarte. Les habrás dado a tus hijos una historia en desarrollo para que la vean de primera mano. Y ellos sabrán que es auténtica.

¡Esto es un gran regalo que puedes hacerles! Las historias auténticas son las más difíciles de refutar. Son más atractivas, porque muestran las luchas de la gente y no solo sus éxitos. Cuando tú lo haces personal, la historia vive en ti, y esto hace más fácil que esa historia algún día esté en ellos.

Con respecto al tiempo, hay una cosa más. ¿Has notado cuán a menudo decimos «No tengo tiempo para eso»? Ahora piénsalo por un momento. Dios nos asignó la misma cantidad de tiempo cada día a todas las personas del planeta. Los autores de este libro tenemos 24 horas en nuestro día. Tú tienes 24 horas en tu día. Jesús tenía 24 horas en su día. Toda la gente que admiramos y que logra muchas más cosas que nosotros tiene 24 horas en su día... ¿Cuál es la clave entonces? Que ellos invierten su tiempo de manera diferente. ¡Si queremos resultados diferentes, debemos aprender a invertir nuestro tiempo de forma diferente!

Una buena idea sería dejar de decir «No tengo tiempo para eso», y comenzar a decir «No aparté tiempo para eso». Esto nos ayudaría a darnos cuenta de que la mayoría de las cosas que hacemos son una elección. Y nos ayudaría a recordar que debemos hacer tiempo para lo importante, y dejar de lado lo que no lo es tanto...

Toma ahora mismo tu calendario y mira la siguiente semana. Hay solo unas pocas cosas que *necesitas* hacer, ¿verdad? Básicamente necesitas dormir, comer tres veces al día, y tal vez ir a trabajar. Casi todo lo demás es una elección. ¡Eres el autor de tu propio destino!

## STOP

Aquellos que estaban por entrar a la Tierra Prometida iban a ser tentados en varias maneras sobre cómo invertir su tiempo. Con toda esa leche, esa miel, y esas uvas, los habitantes de Israel podían fácilmente llegar a sentirse satisfechos con lo que tenían, sin intentar buscar opciones mejores. Moisés sabía esto, y por eso intencionalmente en su mensaje de despedida habló sobre cómo tomar las decisiones correctas, tanto para nosotros como para nuestras familias. Cuando escogemos hacer del crecimiento personal una prioridad, esto significa que comenzamos a buscar las mejores opciones. Puede que debas dejar de hacer algunas cosas para poder comenzar a enfocarte en lo que te va a llevar a un lugar de mayor profundidad espiritual. Hacer eso te traerá algunos resultados sorprendentes. Edificará tu relación con Dios, de seguro. Pero hay algo más que va a suceder: descubrirás que, al priorizar lo que más importa, terminarás teniendo más tiempo. Bueno, tal vez no más tiempo, pero sí tiempo con un margen mayor de libertad. A medida que crezcas en este sentido, serás más capaz de deshacerte de las cosas inútiles e innecesarias de la vida. Comenzarás a identificar las cosas que afectan tu capacidad y tu ánimo, tanto de manera positiva como negativa. Aprenderás qué cosas son más importantes, porque estarás haciendo las cosas más importantes para tu corazón, de modo que también puedan llegar a estar en el corazón de tus hijos.

## #5 Hazlo PERSONAL

### Preguntas de discusión

**Continúa la conversación**

**Pregunta clave:** ¿Está creciendo mi relación con Dios de manera auténtica y personal?

1. Algunas veces es difícil recordar cómo era la vida antes de tener hijos. ¿Tenías más tiempo para ti en esa época? ¿Cuáles eran tus cosas favoritas, aquellas que hacías para recargar baterías?

2. ¿Cómo pasas tus días ahora? Haz una lista rápida de las cosas que haces en un día típico. ¿Cuáles requieren más tiempo y energía? ¿Hay algo en esa lista que te energice como individuo, y no solo como padre?

3. Pasa unos momentos reflexionando acerca de tu recorrido como cristiano, y sobre esos momentos en que te sentiste más cerca de Dios... ¿Qué estabas haciendo? ¿Qué sucedía exactamente en esos momentos, para que te sintieras de esa manera?

4. ¿Qué cosas podrías hacer intencionalmente para recrear esos momentos? Escribe tu plan.

5. Muchas veces nos ayuda el asociarnos con nuestro cónyuge, o con otros padres y madres, para turnarnos en cuidar a los niños, y así tener tiempo para salir solos por un momento. Asegúrate de decirles siempre a tus hijos qué estás haciendo, o a dónde estás yendo. Es importante que ellos vean que tu relación con Dios es una prioridad en tu vida.

6. Habla con tus hijos acerca de los momentos en que ellos se sienten más cerca de Dios. ¿Es cuando oran? ¿Es cuando los acompañas a dormir? ¿Es cuando están jugando al aire libre? ¿Es cuando están en la iglesia? Escribe esos momentos en tu calendario familiar, para que ellos puedan ver que invertir en una relación con Dios es una prioridad como familia.

*«Escucha, Israel: El SEÑOR nuestro Dios es el único SEÑOR. Ama al Señor tu Dios con todo tu corazón y con toda tu alma y con todas tus fuerzas. Grábate en el corazón estas palabras que hoy te mando».*
**Deuteronomio 6.4-6**

**Reflexión:** Si tomaras seriamente estos versículos, ¿cómo cambiaría la forma en la que inviertes tu tiempo? ¿Por qué resulta importante para tus hijos la salud y el crecimiento de tu relación personal con Dios? Si tuvieras que resumir este pasaje enseñarlo a tus hijos, ¿qué les dirías?

**Recursos para la fe**

Muchas iglesias están enseñando recursos enfocados para la fe de los niños. Pero también es importante que nosotros como padres seamos capaces de utilizar estos recursos, porque tienen que estar en nosotros antes de estar en ellos. Esto puede formar parte de tu crecimiento espiritual.

**Navega la Biblia** (investiga y encuentra)

La Biblia es un misterio para muchos de nosotros, pero nuestra esperanza es que podamos comenzar a verla como un regalo, y hasta como un amigo. A medida que empieces a conocer la Biblia mejor, descubrirás que es mucho más práctica de lo que la mayoría de la gente piensa. Una buena forma de leer la Biblia es encontrar un plan de lectura que se ajuste a tu ritmo y a tus necesidades personales. En tu computadora o en tu teléfono inteligente puedes acceder a muchas traducciones de la Biblia y a gran cantidad de planes de lectura que te llevarán por cada parte de las Escrituras siguiendo un programa. Tener un plan de lectura puede ayudarte a navegar la Biblia por primera vez, o por vigésima vez, con significado y propósito.

**Personaliza las Escrituras** (memorízalas y aplícalas)

Conocer la Biblia es una cosa, pero aplicarla es otra. Conocemos muchas cosas en la vida (sabemos, por ejemplo, que los bastoncitos de zanahoria son mejores para la salud que las papas fritas), pero aplicaras es otra cuestión. Por eso es que conocemos mucho más de lo que alguna vez aplicamos. Si tu meta es perder peso, conocer que las zanahorias son saludables es importante. Pero no te va a ayudar, a menos que las comas en lugar de comerte las papas fritas.

Conocer las Escrituras puede (y debería) ser un proceso de descubrimiento. Si encuentras un versículo o un pasaje particularmente útil, intenta memorizarlo. Pero más allá de eso, ¡comienza a *aplicar* lo que ya conoces! Pregúntale a Dios, y habla con otras personas, sobre cómo hacer aquellos cambios que necesitas hacer en tu vida. Cuando aplicas lo que conoces, allí empiezas a crecer.

**Dialoga con Dios** (en privado y en público)

La oración puede parecer algo formal y rígido para muchas personas. Para otras, es tan casual que solo tiene lugar cuando van manejando hacia el trabajo o mientras lavan la ropa. La verdad se encuentra en un punto medio. Como padre, comienza a pensar en la oración como en una conversación entre amigos. Así, como la sustancia de una relación, la oración se vuelve viva...

Al igual que las relaciones humanas crecen o mueren según cómo nos comunicamos, de la misma manera nuestro recorrido espiritual es profundamente impactado por la forma en la que aprendemos a comunicarnos con Dios. A medida que nuestra vida de oración personal crece, será más fácil orar con nuestros hijos a la hora de comer, al acostarnos y durante otros momentos del día.

**Articula la fe** (comparte y defiende)
Una de las mejores maneras de aprender algo es enseñándolo. Podríamos tomar como ejemplo las matemáticas: la mayoría de las maestras descubren que terminas sabiendo más porque lo enseñas. A medida que hablas sobre la fe con tus amigos, con tus hijos, con tu esposa y con tus compañeros de trabajo, te sorprenderás al descubrir que tu fe crece y se ensancha como resultado de compartirla con otros.

**Adora con tu vida** (alaba y da)
La fe no se trata de una idea; se trata de una relación que se expresa a lo largo de la vida. El perdón está en el centro del mensaje cristiano, y lo que ocurre cuando somos perdonados es que nos volvemos agradecidos. A medida que crezca tu gratitud por la fe, encontrarás que tendrás ganas de expresarla de muchas maneras. Tal vez quieras cantar, tal vez quieras ayudar a otros, y hasta dar más de ti mismo de lo que nunca habías dado.

Estos cinco recursos para la fe son solo el comienzo (para ti y para tus hijos), y se complementarán con los depósitos que hagas relacional e intelectualmente, para dar un mayor resultado.

CAPÍTULO 8

# De Regreso a la Historia

Moviliza a tu familia para demostrarle el amor de Dios a un mundo quebrantado.

Como padres, estamos listos para pelear por la seguridad de nuestros hijos desde el momento en que nacen, y aun antes. Hoy compramos dispositivos sofisticados para asegurarnos de que nuestros hijos estén bien sujetados al portabebés dentro del auto. Construimos cunas y zonas de juego con diseños parecidos a las barras de prisión. Hasta instalamos sistemas de vigilancia dentro de la casa para poder monitorearlos en cada habitación. Como padres, ¡estamos programados para proteger! Sentimos la responsabilidad de asegurarnos que estamos poniendo límites suficientes como para construir un mundo seguro para nuestros niños. Sumergidos entre revistas de paternidad y pediatras, nos convencemos de que nuestro trabajo principal es proteger a nuestros hijos, y entonces ponemos reglas, establecemos límites y levantamos cercas. Nuestro instinto natural es aislar, segregar y separar a nuestros hijos de cualquier cosa que pensemos que puede ser una amenaza. Eso es lo que se supone que debemos hacer los padres, ¿verdad?

Bueno... la verdad es que a veces nos empecinamos tanto en proteger y aferrarnos a nuestros hijos, que se nos olvida que nuestro objetivo principal como padres es prepararlos para que se puedan ir. Hay un peligro latente en ocuparnos más de proteger a nuestros hijos, que en asegurarnos de que tengan un propósito significativo. Existe un riesgo en preocuparnos más por la seguridad de nuestros hijos, que por su fe.

EXISTE UN RIESGO EN PREOCUPARNOS MÁS POR LA SEGURIDAD DE NUESTROS HIJOS, QUE POR SU FE.

Cuando nos preocupamos exageradamente por el bienestar físico y emocional de nuestros hijos, podemos terminar privándolos de las experiencias necesarias para el crecimiento, de las oportunidades, y de las lecciones de vida.

Cuando criamos a nuestros hijos desde nuestro instinto protector, estamos tranquilos si nuestros hijos nunca escalan una montaña, ya que evitamos que se lastimen al hacerlo. Pero, ¿qué tal si tus hijos fueron hechos para escalar montañas? Podrían estar más seguros con los pies sobre tierra firme, es cierto, ¿pero llegarán a ser lo que Dios quiere que sean? ¿Qué tal si se suponía que debían escalar esas montañas desde chicos, mientras aún tenían una red de contención segura en casa? ¿Qué pasará con su pasión? ¿Qué pasará con su corazón? ¿Qué tal si tus hijos fueron pensados por Dios para algo más?

Si eres papá o mamá, ten presente esto:

***La misión de la familia no es solamente proteger a los hijos, sino movilizarlos para demostrarle el amor de Dios a un mundo herido.***

¿Qué tiene que ver esto con ser padres más allá de nuestras habilidades? ¡Todo! Si tu meta principal es mantener a tus hijos cerca, en lugar de dejarlos ir, tus capacidades limitarán su potencial. Los encadenarás a tus limitaciones, a tus debilidades, a tus experiencias, y a tu rol en la historia de Dios... pero no al de ellos.

Movilizar a tu hijo no significa que la familia no pueda tener una misión en conjunto. No significa que no haya una historia con la cual todos estén conectados. Solo significa que tu hijo necesita el espacio suficiente para descubrir su rol individual y único. Tienes que recordar frecuentemente que desde el día en que tu hijo nació, tu trabajo es prepararlo para abandonar tu casa y hacer su propia vida.

En mi caso (Lucas) debo decir que esta es una de las cosas de las que decimos en este libro que más me ha costado y no creo que sea solamente mi instinto protector sino mi tendencia a intentar controlar cada situación. Estoy en el liderazgo desde muy temprano en mi vida y aunque continuamente me empujo a situaciones de riesgo y aprendizaje debo reconocer que instintivamente en cada una, busco controlar cada aspecto quizás no tanto por inseguridad sino también por mi vergonzoso perfeccionismo. Así que lo hago para empujarme en esta dirección que te estamos recomendado es recordar en cuantas ocasiones mis padres me lanzaron a situaciones de riesgo y las cuales tienen todo que ver con mi carácter, como cuando a los 20 fui misionero en el Amazonas brasilero con la cruzada estudiantil o a los 17 me facilitaron ir de misiones de corto plazo a Europa solo con mi primo Esteban de 18 o incluso cuando me enviaban a los campamentos cristianos que no eran de mi iglesia cuando solamente tenía 8 o 9 años.

El ver la paternidad desde la perspectiva de una historia más grande implica creer que Dios desea escribir algo increíble en la vida de tu familia. Si formas a tus hijos desde la perspectiva de la historia más grande, les inculcarás un sentido de aventura que cautivará sus corazones. Los invitarás a experimentar cosas que están más allá de lo que tu capacidad individual los puede llevar a experimentar.

Tiempo atrás (habla Reggie), Donald Miller compartió en una conferencia una historia acerca de un amigo que estaba teniendo problemas con su hija. Este padre estaba preocupado porque su hija se estaba involucrando en un estilo de vida gótico, y estaba saliendo con un chico que no era una buena influencia. Frustrado como papá, su técnica para lidiar con esta situación era gritarle a su hija y obligarla a ir a la iglesia. Este padre vino a pedir un consejo de parte de Donald, y lo que Don le dijo fue: «Creo que lo que tu hija está haciendo es elegir una historia mejor». Y prosiguió: «Todos estamos diseñados para vivir dentro de una historia. Tu hija fue diseñada para ocupar un rol dentro de una historia. En la historia que ella ha elegido hay riesgo, aventura y placer. Ella se siente querida y deseada. En tu historia, tú le gritas, ella se siente culpable, y siente que no la amas. ¡Simplemente está escogiendo una historia que es mejor que la que tú le estás ofreciendo!

Y para peor, además de ponerla en medio de una historia horrible, la obligas a ir a la iglesia. Con esto estás asociando una historia mala y aburrida, con Dios, ¡quien en realidad tiene una historia increíble! Ya no lo hagas más. Tienes que buscar una historia mejor».

El padre fue realmente inspirado por las palabras de Don, y la siguiente semana se contactó con un pequeño pueblo en México, que necesitaba un orfanato. El orfanato iba a costar alrededor de veinticinco mil dólares... ¡y este hombre le propuso a su familia que ellos se ocuparan de reunir ese dinero! Les pintó el cuadro de la siguiente forma: «Este es el asunto, muchachos. Encontré este pueblito en México que necesita un orfanato. Cosas horribles les pueden suceder a estos niños si no tienen un lugar a donde ir, así que pienso que como familia nosotros debemos construir este orfanato. Nos va a costar más de veinticinco mil dólares, y sé que no tenemos ese dinero, pero necesitamos hacerlo en dos años».

El padre entonces sacó una pizarra, y les pidió ideas a los miembros de su familia (quienes, para estas alturas, ya creían que estaba bastante loco). De repente su hija abrió la boca y dijo: «Tengo una página de MySpace con un montón de amigos (*¿te acuerdas de MySpace?*); tal vez podamos usar eso». A partir de allí, surgieron un montón de ideas más. «Tendremos que ir a México, porque si vamos a hacer esto, necesitamos conocer el pueblo», «Yo conozco un arquitecto», «Quizás podamos conseguir donaciones», «Yo compré una nueva cámara y puedo tomarles fotos a los niños que necesitan el orfanato», «¡Y todos necesitamos pasaportes!».

¿Qué sucedió aquí? Sucedió que se encontraron frente a una historia real, que ofrecía riesgos y aventuras. No mucho después de eso, la muchacha rompió su relación con su novio. ¿Por qué? Porque había encontrado una historia mejor. En esta nueva historia, ella era la heroína. Tenía la oportunidad de sacrificarse y darse a sí misma para lograr algo cuyo impacto sería duradero. En esta historia, ella se sentía querida y necesitada.

Ten presente este concepto: El corazón gravitará hacia cualquier cosa que ofrezca aventura y propósito. En otras palabras, nuestros hijos necesitan experimentar algo que sea más grande que ellos mismos. Le proveamos o no la oportunidad de hacerlo, ellos buscarán la manera de participar de alguna aventura. Millares de niños, adolescentes, y jóvenes han abandonado el cristianismo porque para ellos era algo estático y aburrido. Con esto en vista, depende de nosotros pensar creativamente y motivar a nuestros hijos a que se involucren en oportunidades ministeriales durante sus años formativos.

Piensa en aquellas experiencias a lo largo de tu vida que provocaron un impacto mayor en tu fe. Piensa en aquellos momentos especiales en que te diste cuenta de que Dios podía usarte para hacer algo importante. Cuando miramos hacia atrás e identificamos los momentos claves en nuestra vida, podemos comprobar que algunos de los capítulos más grandes se desarrollaron después de tomar grandes riesgos.

En mi libro «Diferente» (Lucas) dedico todo un capítulo a profundizar en cómo la fe alimenta nuestro corazón de vida genuina y como esta tiene tanto que ver con los riesgos. Lo que yo aprendí es que cuando no arriesgo nada prácticamente no aprendo nada y que arriesgar tiene todo que ver con mi vida espiritual.

Además, por algo a todos nos atraen las historias dramáticas de fe que vemos en las vidas de otros. Nos atraen las personas que se sobreponen a situaciones impensadas (y por eso Hollywood produce billones de películas con historias como esas). ¡Esto es lo mismo que hace tan atractivas las historias de la Biblia! Piensa en los tres adolescentes judíos en una tierra extranjera, mirando perplejos ese horno de fuego tan caliente que hasta mató a los soldados que los estaban cuidando. ¿Sería posible que Dios los librara? ¡Nadie podría haberse imaginado que los tres saldrían sin haber sido chamuscados!

¿Y qué tal esto? Imagina que estás parado junto a tu familia frente a un mar inmenso, y que el ejército militar de un súper poder mundial viene persiguiéndolos por las espaldas. La única pregunta que cabría hacer sería: ¿Cómo vamos a morir? ¿Nos vamos a ahogar o nos van a hacer pedazos? Nadie en ese momento se podría haber imaginado que el mar se estaba por abrir, ¡pero eso fue precisamente lo que sucedió!

Es en medio de esas historias dramáticas que Dios hace sus obras más fabulosas. Y por eso nos ha llamado a confiar, a arriesgarnos y a creer más allá de lo que podemos controlar, manipular o llevar adelante. Dios parece especializarse en reclutar gente que no tiene la habilidad suficiente, para poder demostrar Su poder.

Ahora bien, nuestros niños, adolescentes y jóvenes necesitan el mismo tipo de fe tóxica que viene cuando le permitimos a Dios hacer cosas extraordinarias a través de nuestras vidas. Necesitan un encuentro de primera mano con el ministerio, de modo que se les revele un sentido personal de la misión que Dios les ha encomendado. Necesitan la pasión que experimentas cuando eres confrontado con una crisis y tienes que ocuparte de alguien que está en una situación de riesgo.

Cuando no hay nada desafiante ni aventurero en tu estilo de fe, comienzas a desviarte hacia otras cosas que se ven más interesantes y significativas. Sé honesto: ¿qué tipo de experiencias de fe estás creando para tus hijos? ¿Qué actividades estás promoviendo en sus vidas para ayudarlos a ensanchar su fe? ¿Los estás motivando a depender de Dios para que Él haga algo grande en ellos y a través de ellos... algo que nunca podrían hacer por sí mismos?

A lo largo de todo este libro hemos estado hablando acerca de Moisés y del discurso que les dio a los Israelitas en las afueras de Canaán. Pero hay algo sobre esta historia que aún no hemos mencionado.

## Redefiniendo la familia

En la cultura hebrea, el sistema de fe se entrecruza automáticamente con el sistema de la familia. El pueblo al cual Moisés se dirigió ese día, tenía una creencia en Dios que era esencial para toda costumbre. Estaba sutilmente entretejida en las rutinas, celebraciones y días festivos. Cada líder, padre, sacerdotc, profeta y familia operaba desde el mismo contexto de creencias y prácticas religiosas. De muchas maneras, este tipo de fe colectiva e integrada parece ser lo ideal.

Pero el mensaje que Moisés les dio no tenía la intención de demostrar una imagen ideal ni completa de la vida familiar.

A menos que separemos la práctica cultural de los israelitas, de los principios eternos que Moisés enseñó, tendríamos que dormir en tiendas de campaña, vestirnos con túnicas, comer del maná, vivir como nómades y practicar algunas costumbres algo extrañas. Sin embargo, efectivamente somos llamados a aprender de los valores transferibles de Deuteronomio 6, y a aplicarlos a nuestra cultura cambiante.

Más allá de las diferencias culturales, hay otra razón importante en la que tenemos que ser cuidadosos al aplicar Deuteronomio 6. Algo sucedió más de mil años después de Moisés, que agregó un nuevo significado al rol de la familia. Sucedió que otro líder judío pronunció su propio discurso de despedida. También les estaba explicando a un grupo de hombres judíos la importancia de trasmitir la fe, solo que este hombre no era simplemente un profeta, ni un patriarca, sino el Hijo de Dios...

Justo antes de hacer su salida dramática de este planeta, Jesús se paró en la ladera de una montaña y le dijo al grupo de amigos que estaba reunido: «Vayan a todo el mundo» (Marcos 16.15). ¡Les dijo que hicieran lo mismo que Él había hecho! Él había entrado a la cultura hebrea como Dios encarnado. Ahora los estaba exhortando a ir a culturas extranjeras a contar Su historia. Los envió como misioneros a comunidades donde la gente no vivía según la misma cultura de las familias hebreas.

¿Por qué es importante entender esto? Porque señala el propósito principal de tu familia. Por las palabras de Jesús sabemos que Dios desea conectar a tu familia y a tus hijos con una misión muy específica. Dios no quiere que te guardes tu fe; Él desea que te conectes con culturas diferentes -incluso culturas *muy* diferentes- para traducir la historia del plan redentor de Dios a su idioma, y para presentarles el evangelio de maneras nuevas y creativas.

Jesús cambió las reglas para todas las familias que decidan seguirlo. Aun siendo judío, y criado en una cultura judía, su meta no fue obligar a la gente a imitar las antiguas tradiciones familiares judías, sino guiar a toda la gente de todas las culturas a comprender la historia de Dios. ¡Con razón el apóstol Pablo dijo que haría lo que tuviera que hacer para alcanzar a cualquier tipo de persona! (1 Corintios 9.22)

La manera en que la fe y la familia interactúan tiene que ser redefinida a la luz de lo que Jesús nos mandó: llevar a la iglesia más allá de su contexto y cultura original.

LA MANERA EN QUE LA FE Y LA FAMILIA INTERACTÚAN TIENE QUE SER REDEFINIDA A LA LUZ DE LO QUE JESÚS NOS MANDÓ: LLEVAR A LA IGLESIA MÁS ALLÁ DE SU CONTEXTO Y CULTURA ORIGINAL.

Si lees el discurso de Moisés solo en el contexto de Deuteronomio, vas a comprender cómo la familia y la nación hebrea se aislaban para preservar el remanente que sobreviviría, contra todo pronóstico, para demostrar el amor de Dios a un mundo externo. Pero cuando lees el discurso de Moisés a la luz de quién es Jesús y de lo que enseñaba Jesús, entonces puedes entender que el pueblo de Dios está ahora llamado a invitar a otros a la familia espiritual, y a declarar la historia de Dios a cada cultura. Jesús nos ha llamado a influenciar activamente a toda la sociedad... aun hasta los confines de la tierra.

Los principios que Moisés enseñó acerca de amar a Dios y de transmitir la fe siguen estando vigentes en la actualidad. Incluso representan muy bien la manera de pensar que tenemos quienes escribimos este libro. Moisés convocó a todo el mundo -padres, líderes, y el pueblo entero- a asociarse en beneficio de las futuras generaciones. Y en, esa época, esto también implicaba la necesidad de mantenerse apartados de otros pueblos para preservar su fe y su cultura.

Hoy en día, sin embargo, muchos modelos de familia y de iglesia se apoyan fuertemente en la idea de construir una burbuja de protección que los aísle entre sí, y del mundo. Aunque no sea su intención, parecen estar más alineadas con las prácticas del Antiguo Testamente, que con la misión del Nuevo Testamento. Miles de años de tradición y de leyes tomaron un significado diferente cuando Jesús comenzó a invitar a las personas que se encontraban *fuera*, a participar de su historia.

**LOS LÍDERES Y LOS PADRES SON LLAMADOS, NO A MANTENER A LOS NIÑOS DENTRO DE LA IGLESIA, SINO A GUIAR A SUS HIJOS PARA QUE SEAN LA IGLESIA.**

Aquí está el secreto: los líderes y los padres son llamados, no a mantener a los niños *dentro* de la iglesia, sino a guiar a sus hijos para que *sean* la iglesia. Cuando solo nos ocupamos de proteger y preservar, cometemos el mismo error que uno de los sirvientes cometió en la parábola de los talentos. Cubrimos a nuestros hijos con nuestros temores y falta de fe, y obstaculizamos así el potencial para que hagan la diferencia que ellos han sido llamados a hacer.

Si anhelas ser un padre o una madre más allá de tus habilidades, entonces tienes que conectar a tus hijos con una misión más grande que tu propia capacidad. Debes inspirar sus corazones para abrazar un propósito más grande que ellos mismos... y aun más grande que tu propia familia. Cuando tus hijos abracen una historia más grande, se conectarán con la naturaleza del amor de Dios, la cual los llevará mucho más lejos que lo que el amor humano es capaz de hacer.

*En el centro de toda familia hay un llamado principal, que es el de dirigir a la siguiente generación hacia el corazón de un Padre perfecto y amoroso.*

- Es un amor *auténtico*, que nos conecta con el círculo más amplio de una comunidad de fe.

- Es un amor *infinito*, que conecta el carácter y la fidelidad de Dios con nuestro destino.
- Es un amor *atractivo*, que nos motiva a confiar en Dios con nuestros corazones, mentes y fuerzas.
- Es un amor *cotidiano*, que se desarrolla a través del ritmo de nuestras vidas diarias.
- Es un amor *contagioso*, que demostramos de manera personal a cada miembro de la familia.

Debemos ser intencionales en contarles a nuestros hijos sobre la historia permanente y eterna de amor entre el pueblo de Dios y su Dios. A la vez, debemos comprender que el propósito primario de la familia es mostrarles a nuestros hijos el amor de Dios a través de las relaciones, e invitarlos a abrazar su propio rol en la historia de Dios. Porque cuando lo hagan:

> ...Se volverán parte de una comunidad misional que está apasionada por demostrar el amor de Dios a un mundo herido.
>
> ...Comenzarán a desarrollar una visión única del mundo y de la vida. Serán desafiados con una perspectiva que pone a Dios como el foco principal de su destino y de su dirección personal.
>
> ...Verán la fidelidad de Dios a lo largo del tiempo, y pasarán a una nueva etapa en sus vidas, creciendo en una comprensión cada vez más profunda del amor de Dios por ellos.
>
> ...Establecerán una fe auténtica que puede crecer diariamente.
>
> ...Aprenderán el valor de mostrar de manera sincera su búsqueda personal de Dios, como modo de influenciar a la generación que les siga.

Como padre, o como madre, tienes limitaciones y eso está bien. ¡Porque hay un Dios muy grande y una comunidad que te necesita y necesitas esperando para ayudarte a potenciar tus habilidades!

Si eres como los autores de este libro, entonces seguramente tu comprensión de Dios ha sido ampliada y enriquecida por tus hijos. En algunas ocasiones, tal vez ellos han afectado más tu fe, de lo que tú has afectado la fe de ellos y eso también está bien porque para eso existe la familia. Nada es en una sola vía. Damos y recibimos. Amamos y somos amados y a veces fallamos y nos fallan. Lo importante es que la historia continúa y con las palancas correctas puestas en funcionamiento cuanto antes podemos llegar mucho más lejos que con solamente nuestras habilidades y debilidades.

Ambos autores de este libro creemos que este tipo de amor inteligente y realista está disponible para cada familia del planeta. Hemos visto su capacidad para transformar individuos y restaurar hogares. Y sabemos que este es el mensaje principal que Dios ha deseado comunicarle al mundo a lo largo de la historia.

El amor de Dios por ti y por tu familia ha sido parte de *Su* plan desde el comienzo de la historia. Ese amor te invita a unirte a una comunidad de fe más amplia y desatar tu rol y el de hijos en *Su* historia. Ese amor está allí para recordarte cuáles son las cosas que realmente importan en la vida. Ese amor te da la fuerza que necesitas para pelear por tus relaciones. Ese amor es siempre el mismo, no cambia y está siempre presente. Ese amor te seduce a responder personalmente a *Su* mensaje. Y ese amor es tu mejor esperanza para influenciar a tus hijos mucho más allá de las habilidades humanas y de las limitaciones que tenemos todos los padres.

Gracias por leer este libro. Cuentas con Dios y cuentas con nosotros.

# ACERCA DE LOS AUTORES

Reggie Joiner es el fundador y CEO de ReThink Group, una organización sin fines de lucro que provee recursos y entrenamiento para padres e iglesias en inglés, a fin de maximizar su influencia en el crecimiento espiritual de la siguiente generación. El grupo ReThink ofrece recursos innovadores y capacitación para que los líderes sean capaces de crear estrategias y ambientes relevantes y estimulantes para preescolares, niños en edad escolar, adolescentes, jóvenes, y familias.
El grupo ReThink es, además, el arquitecto y patrocinador principal de la conferencia y del tour «Orange», los cuales proveen oportunidades de entrenamiento para pastores, líderes y voluntarios de la iglesia. Reggie fundó, junto con Andy Stanley, la iglesia North Point Community Church en Apharetta, Georgia, en los Estados Unidos. En su rol de director ejecutivo del ministerio de familias, Reggie ha desarrollado, a lo largo de sus once años sirviendo en esa iglesia, conceptos innovadores para el ministerio con niños, preadolescentes, adolescentes, estudiantes universitarios y adultos casados.
Junto con Andy Stanley, John Maxwell y Lanny Donoho, Reggie también creó Catalyst, una conferencia internacional que reúne cada año a más de diez mil líderes siendo co-anfitrión de Catalyst durante los últimos diez años.
Él y su esposa Debbie viven en el norte de Atlanta, y tienen cuatro hijos adultos: Reggie Paul, Hannah, Sarah y Rebekah.

El Dr Lucas Leys es quien equipa a la mayor cantidad de líderes emergentes en Hispano América. Es el fundador y visionario detrás de Especialidades 625 con quien ha generado un cambio de paradigma en cuanto el discipulado de nuevas generaciones. Es el autor de mayor venta entre la juventud cristiana en el mundo de habla hispana. Fue el Presidente de Editorial Vida publicando algunos de los principales best sellers de la industria editorial cristiana y hoy viaja por el mundo hablándole a miles de educadores, jóvenes y líderes en conferencias, convenciones, universidades, escuelas, iglesias y seminarios.
Lucas ha sido misionero en la selva, pastor en Estados Unidos, editado Biblias de estudio, conducido programas de televisión y radio, escrito más libros de los que se acuerda y predicado en varios continentes.
Se graduó como Doctor en teología como mejor alumno del área de liderazgo entre 5000 estudiantes en el Fuller Theological Seminary en California. Ha sido horado por distintos gobiernos de América Latina como embajador de la juventud y coach de educadores de adolescentes. Vive en el norte de Dallas, está casado con una súper chica llamada Valeria, es papá de los audaces Sophie y Max y le cuesta mucho quedarse quieto...

## ALGUNAS PREGUNTAS QUE DEBES RESPONDER:

### ¿QUIÉN ESTÁ DETRÁS DE ESTE LIBRO?

**Especialidades 625** es un equipo de pastores y siervos de distintos países, distintas denominaciones, distintos tamaños y estilos de iglesia que amamos a Cristo y a las nuevas generaciones.

### ¿DE QUÉ SE TRATA E625.COM?

Nuestra pasión es ayudar a las familias y a las iglesias en Iberoamérica a encontrar buenos materiales y recursos para el discipulado de las nuevas generaciones y por eso nuestra página web sirve a padres, pastores, maestros y líderes en general los 365 días del año a través de **www.e625.com** con recursos gratis.

### ¿QUÉ ES EL SERVICIO PREMIUM?

Además de reflexiones y materiales cortos gratis, tenemos un servicio de lecciones, series, investigaciones, libros online y recursos audiovisuales para facilitar tu tarea. Tu iglesia puede acceder con una suscripción mensual a este servicio por congregación que les permite a todos los líderes de una iglesia local, descargar materiales para compartir en equipo y hacer las copias necesarias que encuentren pertinentes para las distintas actividades de la congregación o sus familias.

### ¿PUEDO EQUIPARME CON USTEDES?

Sería un privilegio ayudarte y con ese objetivo existen nuestros eventos y nuestras posibilidades de educación formal. Visita **www.e625.com/Eventos** para enterarte de nuestros seminarios y convocatorias e ingresa a **www.institutoE625.com** para conocer los cursos online que ofrece el Instituto E 6.25

### ¿QUIERES ACTUALIZACIÓN CONTINUA?

Regístrate ya mismo a los updates de **e625.com** según sea tu arena de trabajo: Niños- Preadolescentes- Adolescentes- Jóvenes.

**¡APRENDAMOS JUNTOS!**

e625.com

/e625COM

INSTITUTO
e6 25
Educación online
www.institutoe625.com
Libros Online
Escuela de LiderazGO
GENERACIONAL Y COACHING
Revista Líder625
CONOCÉ TU NUEVO CAMPUS ONLINE
www.institutoE625.com
Tienda con envíos internacionales
Suscripción de materiales premium para iglesias
www.e625.com te ofrece recursos gratis
Seminarios para iglesias locales
Chat en tiempo real
Eventos de actualización ministerial

Se parte de la mayor COMunidad de educadores cristianos